〔无障碍阅读珍藏版〕

孙子兵法 三十六计

〔春秋〕孙武 等 著

〔明〕无名氏 编

兵者，国之大事，死生之地，存亡之道，不可不察也。故经之以五事，校之以计，而索其情：一曰道，二曰天，三曰地，四曰将，五曰法。

〔四〕

"用兵如孙子，策谋三十六"，《孙子兵法》与《三十六计》代表着我国古代军事理论的最高水平。

国学经典

线装书局

前　言

　　"用兵如孙子，策谋三十六"，《孙子兵法》与《三十六计》代表着我国古代军事理论的最高水平。它们所体现出的丰富的智慧和内涵，使其影响已远远超出军事学领域，不但为中外政治家、军事家学习和运用，而且被众多哲学家、文学家和企业家所借鉴，并成为人们日常生活的精神指导和成功指南。

　　《孙子兵法》的作者孙武，字长卿，孙子或孙武子都是对他的尊称。他是中国军事学的奠基人，古人称他为"兵圣"。孙武的生卒年月在历史上没有明确的记载，我们只知道他生于春秋晚期，出生地是齐国，活动于公元前 6 世纪末至公元前 5 世纪初，大约和孔子同时期。孙武从事军事活动是他由齐国到了南方的吴国以后，经吴国名将伍子胥推荐，和伍子胥一同辅助吴王治国练兵。当时，吴王阖闾非常欣赏孙武和他著成的兵法十三篇，想看看兵法十三篇的可操作性，于是集合了吴宫一百八十名宫女请孙武训练。被娇宠惯了的两个任队长的吴王宠姬，三令五申之后仍然嬉戏无度，不听号令。孙武随即严命斩首，吴王出来说情也无效，结果一百八十名宫女被训练得令行禁止，纪律严明。之后，孙武担负起吴国的军国重任，他率领吴军西破强大的楚国，北方与齐、晋抗衡，对吴国的崛起起了十分重要的作用。他所著的《孙子兵法》被喻为"兵经""百世谈兵之祖"，历代兵学家、军事家甚至政治家无不从中汲取养料，曹操、唐太宗、宋仁宗、王阳明、张居正等都曾力主学习此书。在国外，人们对《孙子兵法》更是推崇备至。不少国家的军校把它列为教材，比如美国的国防大学、西点军校等就把《孙子兵法》列为战略学和军事理论的必读书。在商业领域，《孙子兵法》也是大放异彩，哈佛商学院将《孙子兵法》列为高级管理人才培训的必读教材，日本的"经营之神"松下幸之助更是将其奉为圭臬，他的经营思想中无不渗透着《孙子兵法》的军事精华。

　　《三十六计》是根据我国古代卓越的军事思想和丰富的斗争经验

总结而成的兵书，是我国古代兵家计谋的总结和军事谋略学的宝贵遗产。该书在 20 世纪 40 年代之前，未见诸任何文献记载，因此无法确切考证是何人何时所著。据很多学者称是南北朝时檀道济所著。"三十六计"一语，出自《南齐书·王敬则传》，《传》云："檀公（道济）三十六策，走为上计，汝父子为唯应走耳。"意思是王敬则讽刺东昏侯父子，败局已定，无可挽回，唯有退却，才是上策。《三十六计》蕴含了丰富的军事斗争经验和卓越的军事思想，集"韬略""诡道"之大成，素有兵法、谋略奇书之称，是古代兵家行军作战的决胜宝典。它蕴含着丰富的东方智慧，曾使中国历史多次被改写，并以独特的魅力影响着世界的政治、经济和军事，使世界无数政治家、企业家、军事家扬名于天下。法国海军上将科拉斯特称赞它是一本"小百科全书"，系统形象地描绘了"诡道的迷宫"，而日本人则称其为"运筹帷幄的诀窍"。它既是政治家、军事家的案头书，也是企业家与商人在商海中进退自如的法宝。

时至今日，《孙子兵法》与《三十六计》已以近 30 种文字在世界范围内广泛流传。本书将这两部经典著作合二为一，在原著基础上增设了注释、译文、名家品读、实用谋略和商业案例等栏目，在重现古典兵书原貌的同时，以现代视角对古典计谋进行全新解读。同时，为了帮助读者全面深入地理解这两部内容博大精深的著作，编者还精心绘制了精美插图，这些图分为战例示意图、战略解析图。战例示意图是随文列举历代最经典的战例，绘制成战争双方军力部署、进退虚实以及天候地理的情况，以实际战例加深读者对原著的理解。战略解析图是随文绘制的用《孙子兵法》与《三十六计》解析著名战役战略思想的系列图表，使读者更加直观地掌握这两部著作所蕴含的令人惊叹的谋略智慧。通过真实的人和事具体而微地学习《孙子兵法》与《三十六计》的用兵之道中所承载的普遍哲理。

科学简明的体例、充满智慧的文字、精美珍贵的图片、注重传统文化与现代审美的设计理念，多种视觉要素有机结合，打造出一个丰富的阅读空间，全面提升本书的欣赏价值和艺术价值。通过阅读本书，可以帮助读者在竞争日益激烈的当代社会里纵横捭阖、游刃有余，真正实现运筹帷幄之中，决胜千里之外。

目 录 ──────○

第四套　混战计（续）

第二十三计　远交近攻

【原文】

形禁势格①，利以近取，害以远隔②。上火下泽③。

【注释】

①形禁势格：受到地势的阻制和阻碍。禁，禁止。格，阻碍。

②利从近取，害以远隔：意为先攻取就近的敌人有利，越过近敌先去攻取远隔之敌是有害的。

③上火下泽：意思是火焰往上冒，池水往下淌，志趣不同的，也可以达到暂时的联合，就像两人同床异梦一般，换得一时的共同相处。语

出《易经·睽》："上火下泽，睽君子以同而异。"睽，卦名。本卦为异卦相叠（兑下离上）。上卦为离为火，下卦为兑为泽。上离下泽，是水火相克，水火相克则又可相生，循环无穷。又"睽"，乖违，即矛盾。本卦《象》辞："上火下泽，睽。"其意为上火下泽，两相离违、矛盾。

【译文】

当作战目标受到地理条件的限制时，攻取靠近的敌人就有利，越过近敌去攻取远敌就有害。火向上烧，水往下流，是我方与邻近者乖离的情形。

【计名讲解】

"远交近攻"是一种高明的外交谋略，它指的是结交离得远的国家而进攻邻近的国家。语出《战国策·秦策三》："王不如远交而近攻，得寸，则王之寸，得尺，亦王之尺也。今舍此而远攻，不亦谬乎？"这是秦国用以并吞六国，统一全国的外交策略。

"远交近"攻最初作为外交和军事的策略，意为和远方的国家结盟，而与相邻的国家为敌。使用这种计策，既可以孤立邻国，又使敌国两面受敌，无法与我方抗衡。范雎用这一计谋灭六国而兴秦朝，足以证明远交近攻的神通。

不过，中国历史上也有错误运用远交近攻而导致亡国的例子，如宋朝"联金灭辽"和"联蒙灭金"。前者导致了"靖康"之耻的发生，宋朝幸有长江天堑，才勉强保住了半壁江山；而后者则直接导致了宋朝的灭亡。因此，施用远交近攻之计的时候，一定要认清形势，谨慎选择要联合的对象，否则有引火上身的危险。

　　古人按语云："混战之局，纵横捭阖之中，各自取利。远不可攻，而可以利相结；近者交之，反而使变生肘腋。范雎之谋，为地理之定则，其理甚明。"意思是：在混乱的局势中，任何一方都会采取各种手段来谋取胜利。所以，对于远处之敌不可轻易发起进攻，不如给它一些好处，与其缔结外交关系。然而，对邻近敌国则不可妄用此策，如果也与其结交，反而会受到它的威胁。

● 远交近攻

　　语出《战国策·秦策》。范雎曰："王不如远交而近攻，得寸，则王之寸；得尺，亦王之尺也。"这是范雎说服秦王的一句名言。远交近攻是分化瓦解敌方联盟，各个击破，结交远离自己的国家而先攻打邻国的谋略。

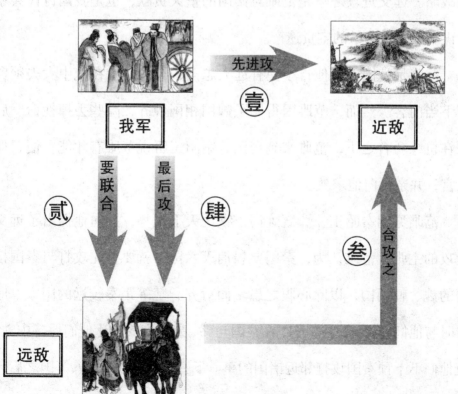

实用谋略

"远交近攻"的策划实施者——范雎

远交近攻，作为外交和军事的策略，既可以孤立邻国，又使敌国两面受敌，不能与我方抗衡。范雎一计，灭六国，兴秦朝，足见这一计策的神通。

公元前 268 年，范雎从魏国逃到秦国，向秦昭王提出了"远交近攻"的战略。远交近攻之策是范雎对秦国的重大贡献，也是我国古代兵家计谋和军事谋略学的宝贵遗产。

范雎是魏国人，他自小便有远大志向，长大后投在魏中大夫须贾门下当门客。然而，范雎因得罪了魏国相国魏齐，险些丢掉性命。后来在机缘巧合之下，范雎来到秦国。秦昭王听说范雎有才能，便召他入宫，并亲自向他求教。

范雎见到秦昭王，慷慨陈词，纵论天下大势，并向他提出了远交近攻的主张。范雎认为，秦国要想消灭六国，就要首先攻打与秦国接壤的魏、韩两国，以除心腹之患。而对齐、楚等距秦较远的国家，应暂时与他们和好，稳住他们，在秦国与韩、魏的交战中让他们保持中立，使他们不干预秦国攻打邻近诸国的事。下一步，打败魏、韩等国之后，向北可威慑赵国，向南能讨伐楚国，最后再攻齐。这样由近及远，逐步向外扩张，这就好比蚕食桑叶一样，渐渐地秦国必能统一天下。

秦昭王对范雎的主张非常赞成，对范雎的才能也十分赞赏，于是封他为客卿，经常和他商议国家大事。几年后，范雎当了秦国的宰相。

昭王三十九年（公元前268年），秦昭王采纳范雎的计谋，派兵讨伐魏国，攻占了魏国的怀地。两年后，又攻占邢丘。昭王四十二年（公元前265年），范雎又为昭王谋划攻打韩国，首先攻占韩国咽喉之地荥阳，将韩国一分为三。韩国濒临灭亡，不得不听命于秦。经过一系列征战，秦国势力越来越强，各国无不震惊。

秦国在慑服魏国和韩国之后，开始把进攻的矛头指向赵国。公元前260年，秦国派大将白起、王龁率兵伐赵，大败赵将赵括，消灭赵军45万人。经长平之战，赵国一蹶不起，秦国则更加强大。

在攻打临近的韩、赵、魏三国的同时，秦国又派使者出使远方的齐、楚等国，并与齐、楚订立盟约，使它们在秦国攻打其他国家的时候保持中立。这样，秦国的"远交近攻"策略获得成功。

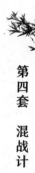

隋文帝平突厥

远交近攻可以起到分化敌人的作用，通过"交"与"攻"这两个截然不同的策略离间敌人，然后在敌人内斗时争取自己的利益。长孙晟就是用这一办法帮助隋文帝平定了突厥。

隋朝建立后，受到北方突厥的威胁。虽然突厥在6世纪中期建国，但是其内部有很多部落。此时，突厥有三个首领，分别是达头可汗、阿波可汗、沙钵略可汗。面对突厥的威胁，隋文帝打算率兵征伐，但大臣长孙晟及时阻止住他。长孙晟建议，隋朝可以派人到西面和达头可汗、阿波可汗联手，一起对付东面的沙钵略可汗，再趁沙钵略可汗分兵防西的时候，去东面联络奚、契丹各部以及素来和沙钵略可汗不睦的罗侯。这样，十几年后，隋乘隙出兵，即可成功扫除突厥的威胁。

隋文帝接受了长孙晟的建议，派大臣元晖出伊吾（今新疆哈密）道会见达头可汗。长孙晟则亲自到了黄龙（今辽宁朝阳）道，赏赐奚、契丹等部，并拜见罗侯，与其商议联合之事。元晖和长孙晟都出色地完成了任务。公元 582 年，沙钵略带领四十余万大军入侵隋朝。第二年，沙钵略计划继续向南行进，却遭到了达头的反对。沙钵略无奈，只得退兵。

隋文帝认为这正是讨伐突厥兵的好机会，他命大将杨爽为行军元帅，将兵力分为八路出击突厥。杨爽不负众望，在朔州（今山西朔县）大破沙钵略军，致使沙钵略仓皇逃走。

逃走后的沙钵略袭击了阿波可汗的居住地，阿波立即向达头求援，和达头联手回击沙钵略。突厥内部发生了激烈的内斗，各个可汗都向隋朝派遣了使者，希望得到隋朝的帮助。隋文帝则对他们的请求不管不顾，只专注于攻打沙钵略，致使沙钵略屡战屡败。公元 584 年，沙钵略终于支撑不住了，于是派使者到隋朝来求和。

阿波可汗在与沙钵略的斗争中壮大了自己的势力，占据了西边大片土地，号称西突厥。隋文帝在公元 585 年派遣使者到达西突厥，表示对阿波可汗予以支持。不久，阿波可汗率部攻打沙钵略，沙钵略因此陷入困境，不得不再次向隋求援。这次，隋文帝答应了他的请求，协助他击败了阿波可汗的军队。沙钵略自此和隋朝定约，承认隋皇帝为"真皇帝"，自己为藩属国。

公元 587 年，沙钵略去世，莫何可汗继位。隋文帝得知此事，便派长孙晟作为使者前往东突厥，并赏赐莫何旗鼓。后来，莫何可汗讨伐西突厥。阿波可汗以为莫何有隋朝的撑腰，因此没有作任何抵抗，就派人向莫何求降，结果东突厥的士兵冲入阿波的营帐，把阿波可汗俘虏了。

莫何在公元 588 年去世，莫何死后，雍虞闾继位，称都蓝可汗。沙钵略的儿子染干，号突利可汗，居于北方。公元 597 年，隋文帝将安义公主嫁给他，遭到了都蓝可汗的嫉妒。作为报复，都蓝停止了对隋的朝贡，并和达头可汗结盟，攻打突利，而这正在隋的预料之中。长孙晟设计挟持突利到长安归降。隋文帝则派大将高颍、杨素攻打达头、都蓝。最后，都蓝战败而死，达头也落荒而逃。

通过利用远交近攻的策略，隋文帝巧妙地解除了突厥的威胁，还成为突厥名义上的君主。

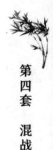

远交近攻赢得霸主地位

如果面对的敌人很强大，那么在使用"远交近攻"计时，就要选择实力强大些的"远"国，只有与这种国家结盟，才能共同对付强敌。

春秋初期，群雄并起，逐鹿中原，周天子的地位实际上已经被架空了。在这种背景下，郑国开始脱颖而出，成为春秋早期的强国。

郑国的国君庄公是一个有着雄才大略的君主。他在位的时候，使郑国成为中原地区的霸主，这除了得益于郑庄公的卓越才干外，还与其"远交近攻"的战略思想有很大关系。

郑庄公在争霸的过程中，曾经遇到很多阻力。公元前722年，卫国为阻止郑国称霸，发动了对郑国的战争，结果是无功而返。仅仅过了三年，卫国、宋国、陈国、蔡国四国联军攻击郑国，很快到达了郑国的国都，围困郑都五天之久，最后仍是无功而返。其后，卫国又联合各国一起伐郑。尽管都被郑国击败，但郑庄公也逐渐意识到，如果没有强大的军事联盟，纵然自己顶住了卫国、宋国及其盟国军队的轮番攻击，郑国所处的被动挨打的局面也很难改变。于是，远交近攻、瓦解敌方的军事联盟的战略思想在郑庄公的头脑中渐渐形成了。为了实现称霸的目的，郑国积极拉拢位于卫国、宋国东侧的大国齐国和鲁国。通过齐、鲁两国的调解，郑国与宋、卫两国达成了和平条约。与此同时，郑庄公的儿子娶了陈国国君的女儿，郑国与陈国两国结为姻亲，使陈国脱离了宋、卫同盟，斩断了宋、卫的一只臂膀。

经过了两年的外交调停，郑庄公已经完成其战略布局，开始寻找机会对宋、卫两国实施打击。公元前714年，郑国以宋国不向周王朝觐为借口，联合东方的齐国、鲁国，兵分两路对宋国发动进攻。宋国屈于三国的强大势力，主动向他们求和。次年，郑庄公再次率领三国军队攻打宋国。五月开始进军，六月大败宋军于营地，占领了宋国的郜、防等地。七月，郑国的军队回到本国的领地上进行休整。宋国抓住这次机会，与卫国组成联军反攻郑国，与随后赶到的蔡国军队一起攻占了郑国的附属国戴国。

而在这关键时刻，宋、卫、蔡三国联军内部出现了矛盾，郑庄公则趁此机会包围了戴国。郑军将士团结一心，斗志高昂，很快攻破了戴国，占领戴国的宋、卫、蔡国军队全部沦为郑国军队的俘虏。九月，郑军攻入宋国，占领了宋国的许多城邑。公元前712年，郑庄公又联合齐、鲁两国发兵伐许（今河南许昌）。许庄公逃奔到卫国，许国灭亡。郑庄公派原来的许国大夫百里管理许地，命郑国大夫公孙获留在许地监护百里。就这样，郑国在短时期内发展成为春秋时期的第一个强国。

此后不久，宋国发生政变，国君宋殇公被刺身亡，流亡在郑国的公子冯继任为国君。公子冯即位后，采取与郑国修好的政策。宋、卫军事联盟彻底瓦解。

在争夺中原霸权的过程中，郑庄公以"远交近攻"的策略，重点打击宋国；而郑国在选择盟友时，又找到了远离自己且实力较强的齐、鲁等国，所以能够实现自己的霸业。

商业案例

店老板弃眼前小利与顾客成为至交

荷伯·科恩是美国著名的谈判专家，著有《人生与谈判》一书，他在书中提出，谈判是"利用信息和权力去影响人们的行为"。实际上，谈判就是说话。要学会说话，学习谈判大师的成功经验是很有必要的。

在荷伯·科恩几十年的谈判生涯中，曾经参加过各种各样的谈判。有一次，科恩准备买一台家庭录像机和一台有遥控的 21 英寸电视机，便来到一家家电商行。但是他对所要购买的商品的市场行情一无所知，怎样才能不多花冤枉钱又能买到称心如意的商品呢？

根据以往的经验，科恩决定先观察、了解，再见机行事。

科恩到商店时，店中空空荡荡，没有一个客人，于是他装作很悠闲的样子，与老板攀谈起来。两人先谈到近邻的一家新的商业中心的开业，谈到客流量的多少；然后又谈到信誉好的商店对顾客的重要性。此外，店主还谈到他不喜欢人们用赊购卡来购物。在交谈的过程中，科恩随意地向店主问起录像机的性能，店主作出了详细的解答。

这时，店主又说，商业中心刚开业时，有一个人来到自己的商行，一次就买走了两三台录像机，并感叹说这两天生意不好，还没有卖出一台电器。科恩听后，问店主："你是不是给那个人打了折扣，所以一下子卖出去两三台？"店主点了点头，并且说如果买得多，就卖得便宜一些。这时候，科恩才请老板给他推荐一台录像机。

老板把他自己正在使用的一款 RCA 介绍给科恩，并热情地为他作了演示。科恩看完店主的演示，诚恳地说："我相信你推荐的是 RCA 中最好的型号，以你的人格，我也相信你在价格上也会公平的，我不跟你还价，你说多少钱，我马上就付给你现金。"店主听了很高兴，默默地在纸上写了一个价格，但没让科恩看。

"我希望你能赚到利润，我也希望价格合理。"科恩望着老板说，

"要是我再买一台电视机呢？能打折扣吗？"

店主眼前一亮，兴奋地说："你的意思是要买两台？"

"对了，都要。"

"店主说完后，用笔在纸上计算起来。

"好的，等一下。

当他要给科恩报价时，科恩又说："对，我要提一下，我希望你的价格是公平的，双方都获益。如果真是这样，三个月后，我的公司也要买这么一套，现在就可以定了。"

"没问题"，店老板说，"让我到屋里去一下，马上回来。"他去查账本了。

店老板回来后又写下了一个数字。

就在这时，科恩看准时机大声地说："我正在考虑刚才您说过关于您的店资金周转的问题。我本来打算记账，但是现在改变了主意，因为我信任你。现在我给你付现金，你看这样对你是不是更方便些？"

"是呀"，老板感激地说，"这样会给我很大帮助，尤其在目前，真是太谢谢你了。"说完后，他又写出另一个价格。

"对了，你可以给我安装一下吗？"科恩说。店主爽快地答应了。

"谢谢你，价格是多少？我付你现金。"

两人高兴地做成了这笔交易。店主按承诺帮科恩把机子安装好，又多送了他一个录像机架。两个月后的一天，科恩遵守自己的诺言，又购买了一台录像机设备。这件事以后，两个人竟然做了朋友。

在这次交易中，尽管科恩事先对所购商品的情况不很了解，但他能在交流中留意细微的信息，了解店主的心理，终于实现了不多花钱又能买到称心如意的商品的目的，这真是"远交近攻"战术的合理运用。

从这个例子中我们可以看出，谈判时一定要揣摩对方的意愿。如果你摸准了对方的心理，站在他的位置上去考虑问题，这就创造了交易成功的必要条件。

【点评】

远交近攻是一个分化或防止敌方联盟，达到各个击破的战略策略。在兼并战争中，各自都有联合与分化的策略。各个击破，应从哪里开刀，以及如何开刀，这是需要权衡利弊和认真研究的问题。

远交近攻最初作为外交和军事的策略，指的是和远方的国家结盟，而与相邻的国家为敌。远交近攻的策略，不但适用于外交和军事领域，也适用于政治和社会生活领域。

诛杀开国功臣，贬放权臣，罢免任职长久的将相，起用没有根基的新人等，都属于对远交近攻谋略的运用。

运用此计时，应注意以下几点：

首先，对于帝王或领导人来说，重用任职长久的重要人物是极其危险的，起用没有根基的新人，才能避免其对主上的威胁；所以，没有威望、没有大的功劳的新人才是安全的。

其次，重用新人，新人就会感恩戴德，就会尽心尽力地效忠你。

再次，重用新人，可以捞取诸多好的名声，还能笼络人心。

在现代管理谋略中，某些用人之道同上如出一辙。

从经营项目上看，远交近攻之计也适用于企业的规划发展。如果贸然从事非自己所擅长的行业，就如在远处作战一般，必遭失败。

在日常生活中，对于如何待人处事，远交近攻的思想仍可以获得广泛的运用。凡事总有轻重缓急，囿于条件暂时不能做到的。实行"远交"，先把它放在一边，而集中力量"近攻"力所能及的事情，然后一步步接近远交的目标。如此循环往复，方能获得成功。

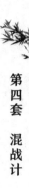

第四套 混战计

第二十四计　假途伐虢

【原文】

两大之间，敌胁以从，我假以势①。困，有言不信②。

【注释】

①两大之间，敌胁以从，我假以势：意为处在我与敌两个大国之中的小国，敌方若胁迫小国屈从于他，我则要借机去援救，造成一种有利的军事态势。假，借。

②困，有言不信：意为处在困乏境地，难道不相信这些吗？语出《易经·困》。困，卦名。本卦为异卦相叠（坎下兑上），上卦为兑为泽，为阴；下卦为坎为水，为阳。卦象表明，本该容纳于泽中的水，现在离开泽而向下渗透，以致泽无水而受困，而水离开泽流散无归也自困，故卦名为"困"。困，困乏。卦辞："困，有言不信。"此计运用此卦理，是说处在两个大国中的小国，面临着受人胁迫的境地时，我若说援救他，他在困顿中会不相信吗？

【译文】

处在敌我两个大国之间的小国，当受敌方威胁它屈服时，我方应立即出兵援助，以借机扩展势力。处在困乏境地，难道不相信这些吗？

【计名讲解】

"假途伐虢"也作"假道灭虢"。语出《左传·僖公五年》："晋侯复假道于虞以伐虢。"

此计指的是以向对方借道为名，达到消灭对方或夺取对方要地的目的。以借路为名，实质上是将兵力渗透到对方的势力中去，以了解对方的情况，甚至控制对方，继而发起突然袭击，最终吃掉对手。

此计的关键在于"假途"。善于寻找假道的借口，善于隐蔽假道的真正意图，突然出动奇兵，往往可以取得意想不到的效果。

古人按语说："假地用兵之举，非巧言可诳。必其势不受一方之胁从，则将受双方之夹击。如此境况之际，敌必迫之以威，我则诳之以不害，利其幸存之心，速得全势，彼将不能自阵，故不战而灭之矣。如：晋侯假道于虞以伐虢，晋灭虢，虢公丑奔京师。师还，袭虞灭之。"意思是：采取假道用兵的军事行动，并不是仅仅依靠花言巧语就可以欺骗的。选择"借道"的这个国家，必须受到来自敌我双方其中一方的威胁，或是受到两方的夹击。在这种情况下，假若敌人以武力相威胁，则我方就应该以不侵犯

其利益为诱饵，利用其侥幸图存的心理，迅速地把己方的力量渗透进去，以控制全局。

这条按语讲了一种情况，即处在夹缝中的小国，情况会很微妙。一方想以武力威逼他，而另一方却不侵犯他的利益，目的就是来诱骗他，乘他产生侥幸心理的时候，立即把力量渗透进去，控制他的局势，所以，不需要打什么大仗就可以顺利消灭他了。

● 假途伐虢

此计是一种以借路渗透、扩展军事力量，从而不战而胜的谋略。其关键在于：对于处在敌我两个大国之间的小国，当敌人迫使他屈服的时候，我方要立即出兵援救，借机把军事力量扩展进去。

对敌人一击命中

我军

敌军

臣服归顺

出兵援救

武力威胁

第三方小国

晋献公假途伐虢

"假途伐虢"用在军事上，其意在于先利用甲做跳板，去消灭乙，待达到目的之后，回过头来连甲一起消灭。

春秋时期，各诸侯国之间的兼并战争此起彼伏。位处中原地带的晋国，在这场弱肉强食的大混战中不断征服和兼并弱小的国家，势力迅速崛起。

晋献公时，晋国的南面有两个小国，即虞国（今山西平陆县东北）和虢国（今河南陕县东南）。晋国早有吞并这两个小国的野心，但是由于虞、虢二国是盟友，晋国同其中任何一国开战，就意味着要同时应对两个敌人，这必然会陷入两线作战的泥潭之中。因此，要想灭掉这两个国家，就必须拆散虢、虞两国的同盟关系。

为此，晋国大臣荀息向晋献公献上一计。他建议晋献公先用厚礼贿赂虞公，向虞国假道攻打虢国。等到虞国中计，虢国败亡之后，晋国再攻打虞国。

晋献公听从了荀息的建议。不久，晋献公派荀息携带着良马、美玉等奇珍异宝出使虞国。见到虞公后，荀息把珍宝献上，力劝虞公允许晋国假途伐虢。虞公贪利，又被荀息的巧言所迷惑，于是答应了荀息的请求。

这年夏天，晋国大将里克、荀息带领军队与虞国的军队一起讨伐虢国。晋军很快就占领了虢国的下阳（古邑名，今山西平陆县北），并一举控制了虢、虞之间的要地。

三年之后，晋献公再次向虞国借道，去攻打虢国。大臣宫之奇极力劝说虞公，说绝不能再借道给晋国。宫之奇说："虢国和虞国唇齿相依，虢国一旦灭亡，虞国也必定跟着灭亡。晋国的野心不能助长，借路一次已经是过分了，怎么还能再借呢？俗话说，唇亡齿寒。嘴唇没了牙齿也难保。说的这就是我们虞国和虢国。"

虞公听后，不以为然地说："晋、虞同姓同国，晋国必然不会加害我国。结交一个力弱的朋友去得罪一个强有力的朋友，那才是愚蠢呢！"听完这话，宫之奇预言：虞和虢将要同归于尽了。随即带领家眷逃往国外。

晋国大军借了虞国境内的道路，一举灭掉了虢国，虢公逃到了洛阳。晋军班师回国时，送给虞公很多劫夺来的财产。虞公见了更是大喜过望，盛情款待晋军。

等到虞公送晋军回国时，晋军大将里克装病，说这时不能带兵回国，暂时先把部队驻扎在虞国京城附近。几天之后，晋献公亲率大军前来，虞公出城相送，献公约虞公前去打猎。刚出城不久，就见京城中起火。虞公急忙赶到城外，没想到京城已被晋军占领了。就这样，晋国又轻而易举地灭了虞国，并生俘了虞公，终于达到了吞并两国的目的。

楚王伐蔡灭息

与大国为邻的小国常会有"夹缝中求生"的无奈，既要小心应付大国的武力威胁，也要提防大国的利益诱惑，稍有不慎，就会遭遇灭顶之灾。春秋时期，蔡、息两国就因中了楚文王的"假途伐虢"之计，惨遭灭亡。

蔡国在蔡桓侯在位时迅速崛起，这使它的邻国楚国备感威胁；再加上蔡国还和郑国、息国、陈国结盟，联手防御日益强大的楚国，楚国十分想将蔡国灭掉，可惜一直没有找到机会。直到公元前 694 年，这一年息侯迎娶了陈侯的女儿息妫。

要迎娶息妫，息侯需要路过蔡国，而息妫恰恰是蔡哀侯的妻子哀妫的妹妹，由于这层关系，蔡哀侯打算好好地接待一下息侯。不料，期间却发生了不快。

哀妫太想念妹妹了，息侯夫妇一到蔡国，她就派人将息妫接到宫里，留息侯一人在馆舍中休息。而息妫到宫里后，蔡哀侯又没有用对待上宾的礼仪款待她，这让息妫颇为愤懑。息妫将此事告诉给息侯，息侯也非常生气。

这件事不知怎么传到了楚文王的耳朵里。楚文王心下大喜，认为

可以好好利用息、蔡之间的罅隙对付蔡国。他忙派人和息侯联系，说服息侯帮助自己攻打蔡国。息侯也正有此意，他还给楚文王出了个主意，楚国可以假装攻打息国，到时息国向蔡国求救，蔡国定会发兵救息。息国再和楚国联手，一起攻蔡，蔡国必败。

楚文王一听，立即调兵，按照息侯的计策行事。而蔡侯一如息侯所料，一接到息侯求援的消息，马上发兵救息。然而到了息国城下，息侯竟关上城门，将蔡国大军团团包围，还俘虏了蔡侯。

蔡侯痛恨息侯背信弃义，便向楚文王透露，息侯的妻子非常美丽。楚文王向来十分好色，将蔡侯的这番话记在心里，对息妫想入非非，而息侯对此则一无所知。不久在息侯的帮助下，楚文王攻陷了蔡国，之后楚文王就以巡视为名率兵前往息国的都城。息侯不敢怠慢，亲自迎接，还设盛宴为楚文王接风洗尘。宴会上，楚文王要求息侯的夫人为自己敬酒，息侯只得答应。

楚文王见息妫果然天姿国色，马上萌生将其占为己有之心。第二天，他以举行答谢宴为由，将息侯骗了过来，绑架了息侯。息侯被绑后，楚文王又一举灭了息国，蔡、陈、息、郑的联盟就这样被粉碎了。

夹在大国中间的小国在受到强大敌人的武力威胁时，其中某个强大的邻国常以出兵援助为由，将自己的力量渗透进小国，并打着保护小国的旗号出兵控制局势，待小国丧失自主权后，就可轻而易举地将小国收于囊中。

成吉思汗联宋天金

"假途伐虢"一方面可以增加自己的力量，确保自己在发起进攻的时候没有后顾之忧；一方面可以迷惑借给我方"道"的一方，待时机成熟，再一举将其消灭。成吉思汗就深得其中的精髓。

在统一蒙古后，成吉思汗有了更大的目标。当时，蒙古的东南面紧邻金国，西南则挨着西夏，南宋则离蒙古稍远，其中金国对蒙古的威胁最大。成吉思汗首先将矛头对准西夏，在 1205 年、1207 年、1209 年三次入侵西夏，并在 1210 年迫使西夏向蒙古臣服。同时，成吉思汗又派使者和南宋通好，并向一直苦于受金国侵犯的南宋承诺，会帮助其一起对付金国。南宋答应了。尽管在金国的威胁下，南宋没有协助蒙古伐金，但是它一直保持中立，为蒙古灭金减少很多阻力。

与南宋交好的策略为蒙古的伐金之路扫清了障碍，也让成吉思汗得以集中精力挥兵伐金。金国不敌，被打得落花流水，连连败退，不得不在 1214 年将都城由中都（今北京）迁往汴京（今河南开封）。蒙古人趁势拿下了中都。金国很快失去了黄河以北的广袤土地，只剩下陕西和河南等地。眼见金国不能再对蒙古构成威胁，成吉思汗又调转矛头直取西夏，于 1227 年灭掉西夏。

成吉思汗在灭亡西夏前夕病故，但蒙古人的征伐战争并没有因此而停止。据《元史·太祖本纪》记载，成吉思汗在临终之前制定了借道宋境，灭亡金国的策略。1229年，成吉思汗的三儿子窝阔台继承汗位。窝阔台即位后，谨遵成吉思汗的遗言，采用假途伐虢的计谋，借道宋境，开始大规模地进攻金国。1231年，窝阔台兵分三路合围汴京，并在钧州（今河南禹州市）的三峰山大败金军主力。1232年，汴京再次被围，金哀宗逃往蔡州，汴京失守。

眼看金国已经穷途末路，蒙古在1233年和南宋达成联合灭金的协定，合力攻打蔡州。金人在蔡州苦守三个月，最终不敌蒙宋联军。1234年一月，金哀宗自杀，金国灭亡。

在攻打金国的过程中，蒙古对南宋表现得十分友好，窝阔台甚至还修了孔庙以示对中原文化的尊重。但金国一灭，其对南宋的态度就出现了大的转变。1235年，窝阔台率领大军杀向南宋。此后数十年的时间里，南宋与蒙古进行了一场漫长的战争。1271年，成吉思汗的孙子忽必烈建立了元朝。八年之后，南宋大臣陆秀夫抱幼帝于崖山跳海自尽，南宋灭亡。至此，元朝统一了中国。

商业案例

爱波斯坦与"披头士"

说起甲壳虫乐队，人们便想起了摇滚，想起了"披头士"。披头士的成功，是经纪人布莱恩·爱波斯坦借他人之力，"假途伐虢"的应用典范。要想在市场上立足，就要巧妙地学会这种借力之道。

披头士乐队又译甲壳虫乐队，是英国利物浦一个名叫约翰·列侬的青年发起成立的。20世纪50年代末，这个乐队刚成立时，只有四个人。他们也只是在当地流动演出。后来，约翰看到摇滚乐深受观众的喜爱。当时，利物浦音乐舞台越来越繁荣，于是约翰率披头士乐队离开家乡，开始在英格兰北部举办一系列演出。其后，乐队得到快速发展，1960年在德国的汉堡灌制了第一张唱片，并在此演出四个月，引起极大反响。

后来，乐队返回利物浦，就在这时，英国一家唱片公司的老板布莱恩·爱波斯但不断接到要求录制披头士唱片的电话和信函，而老板从来没有听说过利物浦有过披头士乐队。披头士乐队在自己的故乡仍然是个名不见经传的小乐队。爱波斯坦经过仔细寻找，终于在三个月后找到了乐队，就在那时他成了披头士乐队的经纪人。

爱波斯坦很会经商，他知道乐队的形象直接影响乐队演出的经济效益。所以他出任老板后，第一件事就是为小伙子们设计了特有的新发型，提高他们的演出报酬，还特别为他们组建起第一个"歌迷俱乐部"，称为披头士歌迷俱乐部，更加积极地寻找唱片的销路。最初，因为披头士乐队的名字在英国还没有多少人知道，所以一连被几家大公司拒绝。后来，在1962年9月有幸遇到了乔治·马丁，他是EMI唱片公司下属的一家子公司的负责人，他非常看好"披头士"的前景。爱波斯坦有幸得到了这份合同，随即为这家公司灌录了第一张唱片《一定要爱我》。

这张唱片十分畅销，因此，乐队不但成为歌迷关注的焦点，同时也引起新闻界对他们的关注。资助人开始组织一场又一场的歌迷狂欢音乐会。一年以后，披头士乐队的名字首次在英国报刊上出现。

披头士的崛起使英国音乐舞台出现了空前繁荣的局面，各大唱片公司也如法炮制，各种各样的摇滚乐队在音乐界像"爆炸"一样兴起，带来极好的经济效益，现代音乐也成了英国出口的头号"商品"。1963年，披头士开始进军美国市场。刚到美国，他们的唱片《我想握住你的手》就获得流行歌曲唱片销售排行榜第一名。随着一场又一场的演出，该唱片的销售量更是呈直线上升趋势，披头士又一次红遍美国。

披头士乐队之所以能在短时间内风靡欧美，很大程度上是爱波斯坦的功劳。他先是让小伙子们形成自己的演出风格，然后对音乐、歌词、表演分别定位。这种激烈、震撼富有感染力的音乐对歌迷们有着极强的吸引力。

爱波斯坦带领披头士乐队，"假"美国之"途"，最终又使其占领美国市场，走向全世界。

借文化之名做美食

在中国的餐饮业，为菜肴起一个富于文化内涵的名字，是一种很普遍的现象。其实，这就是运用了"假途伐虢"的谋略。

在世界饮食文化中，中国菜一直享有很高的美誉。中国的菜品之所以在世界上很有名，不仅是因为其色、香、味俱全，中国菜菜名的逗趣谐谑、妙趣横生也是一个重要原因。

例如，豆芽称为"龙须"，鸡蛋名为"芙蓉"或"凤凰"，鸡翅称作"华秀"，鸡爪名曰"凤爪"，豆腐又叫作"白玉"。顾客会觉得"龙须"、"白玉"这些菜名更具有文化内涵，也更容易引起他们的兴趣。

不少菜名能够变俗为美，既形象又生动，引起人们的食欲。比如用豆腐、番茄加青菜做的汤叫"珍珠玛瑙翡翠汤"，再如"金钩挂玉牌"就是黄豆芽放在豆腐上，"龙凤呈祥"是鸡与蛇放在一起红烧……

还有一些专门代表"吉祥"含义的菜名。例如，过中国年时，家家总有一道鱼菜，取"年年有余"之意；竹笋炒猪排骨是"步步高升"；"金钱满地"就是冬菇摆在青菜上。还有一些菜品，人们在意的不是它的味道，而是菜名所引发的联想，像"掌上明珠"、"踏雪寻梅"、"苦凤怜鸾"、"翠柳啼红"、"金声玉振"、"碧血黄沙"、"游龙戏凤"等。

还有，把茶蛋、松花蛋、卤蛋、咸鸭蛋等合放在一起，这道菜叫"丹凤朝阳"；用红白萝卜和染色萝卜垫底，上面摆上八颗樱桃，插支孔雀的羽毛，再摆上一只母鸡头，这道菜叫"孔雀开屏"。菜的做法有很多，各有千秋，有的讲究食用价值，有的讲究观赏价值。还有一道菜，将莲藕切成薄薄数片，在孔眼中灌入江米，再将胡萝卜片刻成梅花的样子，这道菜就叫"梅花欢喜漫天雪"。

有些饭店菜名很通俗，如炒鸡蛋、酱肘子、烧熊掌、排骨汤，虽然听着很明白，但是顾客听后觉得不文雅。所以，在不违背真实的前提下，给经营的菜肴起一些动听的名字，让普通的菜富有文化特色，这样更容易吸引顾客，也不失为一种经营方法。

【点评】

"假途伐虢"是以借路渗透，扩展军事力量，从而不战而胜的谋略。

"假道"的本意不是为了"敌胁"我援，而是为了顺势把兵力渗透进去，发动突然袭击，实现控制对方的目的。春秋时，晋国借道虞境，不但灭掉虢国，也顺手灭掉虞国。在这一过程中，晋献公以伐虢为由而借道虞境，从而一举两得，灭掉两个国家；虞公因为贪利而受了骗，朝夕之间便被人消灭。虞国大夫宫之奇为粉碎晋国阴谋，曾提出"辅车相依，唇亡齿寒"的观点，这也成为后世弱国联合抗击强国的重要战略思想。

假道伐虢在现代常用来指蒙骗利诱、借机攻取的策略，也就是以一个堂皇的名义，利用甲做跳板，去消灭乙，达到目的后，回过头连甲也一并消灭。因此，行动的时候一定要注意隐藏自己的企图，要注意骗取假联盟对象的信任，使其毫无戒备。否则，一旦被联盟对象发觉，就会被揭穿，导致偷鸡不着蚀把米。

假道伐虢之计有以下三大特征：

一、托名。以堂皇的名义或诱以厚利建立假联盟。

二、借机。趁势发展自己的势力，站稳脚跟，控制联盟对象。

三、过河拆桥。灭掉假联盟对象，自己控制局面。

在商业活动中，假道伐虢之计，是自己在遇到经济危机或其他不利因素时，想出策略和计谋争取一切有利于自己的时机或者找出一个合情合理的借口，如扶危济贫之举，取得有关部门和群众的支持及信任，从而深入其内部同他们拉好关系，获得长久发展，实现自己的真正目的。经营者应用此计，关键在于"假道"。当竞争对手的力量较强大时，依靠其他强者求得生存发展；当弱小的企业面临危机，可以通过技术援助控制或兼并他人的企业；也可以通过别的渠道，迂回发展，最后达到战胜对手、夺取市场的目的。

第五套　并战计

第二十五计　偷梁换柱

【原文】

频更其①阵，抽其劲旅，待其自败，而后乘之。曳其轮也②。

【注释】

①其：本句中几个"其"字，均指盟友、盟军。

②曳其轮也：语出自《易经·既济》。其上卦为坎为水，下卦为离为火。水处火上，水势压倒火势，救火之事，大告成功，故卦名"既济"。既，已经。济，成功。本卦初九《象》辞："曳其轮义无咎也。"意为拖住了车轮，车子就不能运行了；抽去梁柱，房屋就倒塌。

【译文】

频频变动友军的阵势（地），暗中抽换其主力，使其自趋灭亡，而我则暗中控制它、吞并它。这就像控制了车轮就控制了车子的运行方向一样，而为我所用。

【计名讲解】

"偷梁换柱"作为一个成语，原意指偷偷地用梁来换柱，后来多比喻暗中玩弄手法，以假代真。"偷梁换柱"与"偷天换日"或"偷龙转凤"意思相同，语见《渔家乐传奇》中"愿将身代人金屋，做人偷天换日"一句。

用作计谋时，其本意是乘友军作战不利，借机使其为己方所用。此计中包含尔虞我诈、乘机控制别人的权术，所以也常常作为一种政治谋略或外交谋略来用。

秦始皇活着时一直没有立太子，有一次，他外出巡视，结果得了重病，知道自己命不久矣，就嘱咐丞相李斯立扶苏为帝。但李斯竟与始皇的幼子胡亥、权臣赵高勾结，擅改遗诏，改立胡亥做了皇帝，这就是一招典型的"偷梁换柱"。

古人按语说："阵有纵横，天衡为梁，地轴为柱。梁、柱以精兵为之。故观其阵，则知其精兵之所在。共战他敌时，频更其阵，暗中抽换其精兵，或竟代其为梁、柱；势成阵塌，遂兼其兵。并此敌以击他敌之首策也。"意思是：布阵有东南西北的方位，东西"天衡"首尾相对，作阵的大梁；而南北"地轴"则连贯于中央，作阵的支柱。

梁和柱之间的兵力部署，必须由主力来承担。所以，观察敌阵，就能够发现敌军主力的所在。而与其他军队联合作战时，就要时时改变其阵势，暗中抽换其主力，或派我方部队代其作梁、柱。这样一来，与己方联合作战的部队就无法守住阵地，我方可立即将其兼并，并立即把其兵力投入另一战斗中。这是吞并一个敌人，再去攻击另

● 偷梁换柱

指用偷换的办法，暗中改换事物的本质和内容，以实现蒙混欺骗的目的。偷梁换柱应用到军事上，指的是联合对敌作战时，反复变动友军阵线，借以调换其兵力，等待友军有机可乘、一败涂地的时候，将其全部控制。

从敌军处制造获胜时机

迫使其不断
改变阵型

用计调开其
精兵强将

待敌军
自乱阵脚 不攻自破

我军趁机吞
并攻占敌军

外一个敌人的谋略。

以上这段按语，反映了战场上所谓的"友军"，不过是暂时与其联合罢了。因此，兼并盟友是十分寻常的事情。不过，作为一种谋略，此计的重点是对敌军"频更其阵"，也就是多次佯攻，促使敌人变更阵容，然后伺机攻击其弱点。这种调动敌人的谋略，往往能够收到很好的效果。

实用谋略

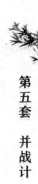

吴汉智胜公孙述

在战场上，采用偷换的办法——这种"偷换"可以是转换行动方向，也可以是调换军队，总之是为了达到蒙骗敌军的目的，这就是"偷换换柱"的计谋。东汉时期大将吴汉击败公孙述的事迹，就是对这一计谋的一次成功运用。

东汉大将吴汉奉命率军讨伐在成都割据称雄的公孙述。吴汉的部队进入犍为郡所辖地区，攻克了广都县，又派轻装骑兵烧毁了成都市桥。不久，武阳以东的各城邑都投降了吴汉。

这时，吴汉接到了汉光武帝刘秀的诏书："成都有十多万敌军，不可轻视它，但应坚守广都，等待敌军来攻，不要主动出击与敌争锋。

如果敌军不敢来攻，你就转移营阵逼迫它；必须等到敌军精疲力竭之时，方可进击它。"然而，吴汉并未把光武帝的话听进心里。他立功心切，竟擅自率领二万余步骑兵进逼成都，在距离成都十余里的江水北岸安营扎寨。为方便渡江作战，吴汉还下令在江上架设浮桥，同时让副将刘尚率万余人驻扎在江水南岸，这致使南北两营相距二十余里。

光武帝在得知吴汉的行动后，非常吃惊，马上派人传诏书给吴汉，命其立即率兵返回广都坚守待敌。可是，没等光武帝的诏书送到吴汉手里，公孙述就派谢丰、袁吉带十余万人马攻打吴汉，又另派大将率数万人马袭击刘尚的营寨，分别从南北两端牵制汉军，让其首尾不能相顾。

对汉军来说，情势十分危急。吴汉和公孙述的大军激战一天，不能胜利，只得退回营垒。眼看公孙述的人马即将对汉军形成包围之势，吴汉急中生智，想到了偷梁换柱的办法。他将众将召集到一起，激励他们说："我和诸位将军共同越过艰难险阻，转战千里，才得以深入敌人腹地。现在敌人兵临城下，我与刘尚的军队都遭到了包围，不能相救。任这种局面发展下去，后果不堪设想。因此，我打算秘密地转移兵马，与刘尚会合，集合力量，抗击敌人。如果齐心协力，人人奋勇杀敌，大功便可告成。若不如此，则必然失败。现在正是决定成败的关键时刻，是胜是负，就看这次行动了。"

战场之上，但凡陷入困境，必要以巧计争得生机。主意已定，吴汉以酒食款待将士，安顿战马，关闭营门拒不出战。同时，他又命令手下在军营中多多插立旗帜，保证营中烟火不断，给敌人造成吴汉军困营中的假象，以迷惑敌人。

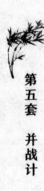

第五套 并战计

偷梁换柱的关键在"偷"，所有行动都必须在暗中进行。吴汉成功地骗过敌人的耳目，在三天之后的一个晚上，悄悄地引兵过江，和刘尚会合。而公孙述对此还一无所知。

第二天，公孙述仍按照之前的战斗计划，命一部分兵攻打江北汉军，一部分攻打江南汉军。而吴汉早已带领全部人马气势汹汹地从江南杀来。公孙述来不及调整战术，战场的形势在不知不觉间发生了变化。到了傍晚，公孙述这边已被杀得七零八落，大将谢丰、袁吉也战死沙场。

吴汉乘胜追击，在掌握了战场局势后，派刘尚率军进击公孙述，自己则带人驻守广都。他将战事报告给光武帝，毫不讳言自己的失误。光武帝看后回应说："你率兵还守广都，很得要领。公孙述必定不敢丢下刘尚直接来攻击你。如果他先攻打刘尚，你从广都率领全部步骑兵行军五十里支援，那时公孙述定已疲困不堪，到时就很容易击败他了。"

吴汉接受了刘秀的建议，和公孙述军交战于广都与成都之间，八战八捷，成功进驻成都外城。公孙述兵败逃走，不久就被吴汉的大将杀死。其手下见大势已去，便打开城门，悉数投降。至此，蜀地割据势力被完全平定了。

偷天换日起死回生

春秋末期，晋国"六卿"掌握了晋国的大权。这六卿即范氏、中行氏、智氏、赵氏、韩氏和魏氏。晋出公十七年（公元前458年），

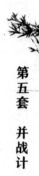

范氏和中行氏争权失败后仓皇出逃。智氏的智瑶独揽晋国朝政，称智伯，他与赵、韩、魏共分范氏和中行氏的封地。

之后，晋出公率军伐四卿，兵败身亡。智伯立昭公的曾孙骄为晋君，就是后来的敬公。当时智伯操纵政令大权，拥有土地最多，因而"四卿"中以智伯势力最强。从那时起，智伯心里就有了灭掉韩、赵、魏，自己取代晋君的打算。公元前403年，智伯为了消灭韩、赵、魏三家，便依照亲信缔疵的计策，以晋、越两国争当盟主，晋国要出兵讨伐越国为借口，令韩、赵、魏各献出自己的部分领地，如有不允，就出兵灭掉它。赵氏（赵襄子）、韩氏（韩康子）和魏氏（魏桓子）知道这是智伯假借晋侯之令，心里都对智伯充满了怨恨。

韩康子和魏桓子不服，想联合抗拒智伯，但权衡再三，只好忍气吞声割地给智伯。智伯得了韩、魏的土地后，更加骄纵了，又向赵氏要地。赵襄子年轻气盛，他与智伯本来就有间隙，听说韩康子和魏桓子割地给智伯，心里特别气愤，他回信给智伯，拒绝其无理要求。智伯愤怒之极，立即率韩、魏、智三家人马攻打赵国。赵襄子自知不敌，便出走到晋阳（今山西省太原东南）。

晋阳是赵襄子的父亲赵鞅的辖地。赵鞅管理晋阳时政通人和，百姓安居乐业。赵鞅临终前，让赵氏家臣尹铎治理晋阳。尹铎对待百姓很和善，人民都很拥戴赵氏。

晋阳占地利、人和的优势，智伯率三家大军围攻晋阳，久攻不下，又引水灌城。晋阳为大水所淹，水面距城墙顶部仅有五六尺的距离。

眼见晋阳有被淹没的危险，被围困在晋阳城内的赵襄子，感到晋阳城危在旦夕。他召谋士张孟谈进帐共商对策。张孟谈说："对解救晋阳之危，臣已思索很久了。眼下智氏联韩、魏攻赵，灭赵后必以同样手段再灭韩、魏。臣知韩、魏并不甘心受智氏驱使。依臣之见，可以用'偷梁换柱'之计解晋阳之危。臣愿只身前往劝说韩康子和魏桓子，使之与我们联合，一起对付智伯。"赵襄子听后大喜，说："赵氏宗族得以保存，这次就全仰赖你了。"于是赵襄子让张孟谈即刻潜出晋阳，秘密会见韩康子和魏桓子。

见到韩康子和魏桓子，张孟谈对二人说："现在智伯统率你们两家攻打赵襄子，倘若赵襄子被打败了，韩、魏也会跟着灭亡。因为赵、韩、魏三国唇齿相依，唇亡则齿寒。为了我们的共同利益，不如韩、赵、魏三家联合伐智。"韩康子和魏桓子对张孟谈说："我们都知道这个道理。只怕智防范严密，事未成功，我们的密谋便泄露了。"张孟谈说："此计出自我们三人，别人谁也不知道，只要我们守口如瓶，就不会泄露出去，你们放心好了。"经张孟谈反复劝说，二人终于同意订盟，约定日期，届时赵、韩、魏三家各率人马共击智军。订盟后，张孟谈悄然回到晋阳城内，向赵襄子复命。

到了约定的日子，赵襄子先派人连夜摸上水堤，杀掉守兵，将水堤挖决，放晋水灌入智伯军营。智军措手不及，顿时乱作一团。韩、魏两军乘势从左右两翼掩杀过来。赵襄子见智军慌乱，急命大开城门，率军由城内杀出来，以策应韩、魏两军。在韩、赵、魏三家的联合打击下，智伯的军队被杀得大败。

智伯骄纵轻敌，中了偷梁换柱之计，在韩、赵、魏三家盟军的共同攻击下，全军覆没。随后智氏宗族也全部被消灭，智伯也被杀死。晋国出现三家分晋的局面。

吕后杀韩信

"偷梁换柱"计经常在政治斗争中得到运用，可以起到蒙蔽敌人、使其麻痹大意的效果。吕后除韩信的过程中，就成功运用了偷梁换柱的计谋。

刘邦建立汉朝后，大封追随他征战的功臣们，有功的将领很多被封为王侯。而这些异姓诸侯王个个手握重兵，这无疑对刘氏天下形成了潜在的威胁。于是，如何翦灭异姓诸侯王，巩固汉朝的统治，便成了刘邦所要面临的首要问题。

在诸多异姓王中，以韩信势力最大，他自然也成了刘邦的首要敌人。项羽兵败后，手下的大将钟离昧四处逃亡，由于他以前与韩信关系很好，于是前去投奔韩信。岂料消息泄露，有人告发韩信谋反。韩信的谋臣建议韩信杀了钟离昧，以示自己的清白。韩信与钟离昧商议此事，钟离昧道："现在刘邦之所以不攻打楚国，正是因为我在你这里。你想擒拿我去讨好刘邦，我今天死了，随后灭亡的就是你韩信。"说完就自尽身亡。

恰好刘邦采用了陈平的计策，宣称自己要巡游云梦泽。韩信不知是计，便带着钟离昧的首级去谒见刘邦。刘邦一见到韩信，就命令手下的武士将韩信捆绑起来，把他放在跟在皇帝后面的副车上。

韩信仰天长叹道："人们都说'狡兔死，良狗烹；飞鸟尽，良弓藏；敌国破，谋臣亡'，如今天下已定，我本来就应该被处死！"刘邦将韩信押回洛阳，最终还是赦免了韩信的罪过，将他贬为淮阴侯，并从楚地调回京城居住，实质上是变相软禁。

韩信被贬之后，深知刘邦畏惧他的才能和威名，所以经常装病不参加朝见或跟随皇帝出行。其实韩信虽然立有大功，但一直对刘邦忠心耿耿。当初楚汉相争最激烈的时候，谋士蒯通曾建议韩信背弃刘邦自立为王，三分天下。但韩信感念刘邦对自己的厚遇，断然拒绝了蒯通的建议，后设十面埋伏困项羽于垓下，最终逼得项羽乌江自刎，助刘邦一统天下。而今却落得这样的下场，心中的怨恨和不满越来越强烈了。

公元前 200 年，刘邦任命陈豨为代相，命其统率边兵对付匈奴。陈豨临行前向韩信辞行。韩信屏退左右，以自己的遭遇为例，告诫陈豨说："你所管辖的地方，屯聚了天下的精兵，而你又是陛下亲近宠爱的臣子。如果有人密告你谋反，陛下一定不相信；而如果有人再次密告你谋反，陛下心中就会有所怀疑；如果有人第三次告你谋反，陛下必定会勃然大怒，然后亲自率军征讨。你不如乘此机会，起兵反汉，我在京城里接应你。"陈豨平素就信服韩信的才能，当下表示一切听从韩信的指示。

公元前 197 年，陈豨果然在代郡反叛，自立为代王。刘邦亲自率兵前往征讨，韩信称病，没有随高祖出征。当初二人约定：陈豨起事后，韩信在夜里诈称奉刘邦密诏，赦放那些囚徒和官奴，然后率领他们去袭击吕后和太子。恰在此时，韩信的一位门客因得罪了韩信，就定下

了铲除韩信的计谋。吕后派人在京城四处散布消息，说陈豨已被杀死，皇上得胜，即将凯旋。

韩信听到这个消息，又不见陈豨派人前来联络，心中甚是恐慌。恰好丞相萧何亲自来到韩信家中，宣称皇上得胜回朝，诸侯群臣都进宫朝贺，请韩信立即进宫。韩信素来对萧何比较信任，便与他一同乘车进宫。吕后一见韩信，便命武士把韩信捆缚起来，在长乐宫中的钟室里斩杀了他，并夷其三族。韩信临死前叹息道："吾不用蒯通计，反为女子所诈，岂非天哉！"

可惜韩信聪明一世，却不知道陈豨已死的消息根本就是一个谎言。他死了两年之后，陈豨的叛乱才彻底被平定。

吕后和萧何设计在宫中除掉韩信，但是他们生怕韩信不中计，便谎称陈豨已经被杀，刘邦也已得胜归来。韩信不知是计，这才误中圈套。在这则故事里，萧何和吕后施用的便是偷梁换柱之计。

商业案例

阿根廷香蕉

在商业活动中，通过变更自己商品的名称，也可以获得利益。

吉诺·普洛奇被誉为"商界奇才""美国食品大王""推销怪杰"。

普洛奇出身贫寒，长大后在杜鲁茨食品商大卫·贝沙的超市连锁店找到一份推销工作，不久，他很快凭着自己的推销才能，被提拔到总店工作。

初到超市时，普洛奇主要负责卖水果。正当普洛奇勤劳工作的时候，发生了一件意外的事情。贝沙连锁店冷藏水果的冷冻厂起火了，等救火队员将火扑灭时，发现有18箱香蕉被火烤得有点儿发黄，香蕉皮上还有许多小黑点。贝沙将这18箱香蕉交给普洛奇，告诉他说，价钱低些也无所谓，只要卖出去就行。

接过这些香蕉，普洛奇犯难了，他不知道如何是好。他心里想，谁会买这些难看的香蕉呢？普洛奇担心，如果这18箱香蕉卖不出去，贝沙先生可能会怀疑他的工作能力。

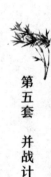

普洛奇硬着头皮将这些发黄的香蕉摆了出来，标上很低的价格拼命叫卖，但只有几个人来摊位前看一下，问完价又转身走了。无论普洛奇怎样解释这些香蕉仅仅是外表不好看，味道绝对可口，但还是没有人买。

这棘手的任务该怎么完成呢？正当他失落之际，他随手剥开一根香蕉咬了一口，觉得香蕉倒是别有一番滋味。他突然想出了一个好主意。"对，就这么办！"普洛奇高兴得叫了起来。

"美味的阿根廷香蕉，风味独特，快来买呀。"第二天，普洛奇早早地摆出了水果摊，大声吆喝起来。

吆喝声吸引了不少人，他们围在水果摊前，盯着这些皮稍微发黄的香蕉。"独此一家，过时不候。"普洛奇又大声吆喝起来。

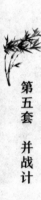

"这真是阿根廷香蕉吗？"看着这些带着小黑点的"阿根廷香蕉"，大家疑惑地问道。

"当然是"，普洛奇肯定地说，"您肯定从来没见过。我敢保证，它的确与众不同，不信您尝尝。"

"嗯，的确与众不同。"那人尝后点点头对周围人说。说完，那名顾客掏出钱来要买香蕉。

普洛奇凭三寸不烂之舌，将阿根廷香蕉说得天花乱坠，然后又剥开一根香蕉递到另一个人的手里。

这时，围观的人们也纷纷掏钱来买阿根廷香蕉，尽管它的价格比普通香蕉贵了近一倍。但是没过多长时间，18 箱香蕉就被抢购一空了。

普洛奇在推销香蕉的时候，运用了偷梁换柱之计，称自己所卖的被火熏黄的香蕉为阿根廷香蕉，这就引起了顾客的兴趣，于是很快就把香蕉卖出去了。

偷梁换柱害人又害己

偷梁换柱之策，在商务谈判中，有其特殊作用，即根据谈判双方都急于了解对方底细的心理，使对手上当。如故意让对方得知自己的假底细，或将假情况故意泄露给对手。因此，在谈判过程中施用"偷梁换柱"之计，可以给对手制造假象，耗费其精力，以取得谈判的胜利。

在经商活动中，采用偷梁换柱这一计，主要表现在两方面：其一是，盗用名牌商标，以欺骗的手段，生产制造假冒伪劣产品，从中获取暴利。在商品经营活动中，这种方式是屡见不鲜的，如市场上出现的假名牌酒、假名牌烟。这种投机经营的行为只能一时得势，是不会长久的。无论是对生产者还是经营者都是不可取的。其二则是，反其意而用之，通过不断更改自己的形象，在激烈的市场竞争中取胜。产品在生产初期，尚处于试制试销阶段时，需要经常变更形象，待产品成熟后，再以固定的形象出现在消费者面前。

变更的形式有多种：一、变更企业名称。当企业在消费者心目中信誉不佳的时候，采取这种策略，目的是重新树立新的企业形象。二、模仿名牌商标。即利用名牌商标推销自身产品。但这种模仿应该是质量过硬、价格低廉，否则容易导致消费者对产品厌弃。三、改变产品商标。在产品初创、不知市场反馈如何的时候，先不注册商标，等产品质量过硬后再注册商标。

在经济活动中，有些企业不依法经营，只顾赚钱而不讲道德，竟采取偷梁换柱手段，以劣充好，欺骗客户，这种方式是不可取的。

某市第一毛纺厂与第二毛纺厂签订了一份购销合同，合同规定：在毛纺厂仓库交货。第一毛纺厂按合同规定的时间提前打包封装，两次向第二毛纺厂发货。第二毛纺厂收到货后，经抽样检查和上机试验，发现所收货物不符合质量要求，根本不能使用，于是电告第一毛纺厂停止供货，并到银行办理了拒付款手续。第一毛纺厂收到拒付理由书后，以第二毛纺厂违约为由，向某经济合同仲裁委员会申请仲裁，告第二毛纺厂违反了合同。仲裁委员会经过充分调查，认为违约的不是第二毛纺厂，

而是第一毛纺厂。第一毛纺厂以次充好，交付不能使用的产品，按规定实属违约，应负全部责任。因此，仲裁庭裁决第一毛纺厂向第二毛纺厂偿付违约金并承担仲裁费和质量鉴定费，已交付第二毛纺厂的劣次品全部退回，往返运费由第一毛纺厂承担。第一毛纺厂的这种违法经营方式，不但败坏了自己的企业形象和声誉，还要受到法律的制裁。

【点评】

　　自20世纪80年代中后期一直到20世纪90年代初期，大众读物市场是属于新派武侠小说"金梁古温"四大家的辉煌时代。许多四十岁左右的人至今依然能够清晰回忆起自己初看"全庸著"小说时的恍惚与迷惑，以及搞清被愚弄之后的气急反笑。在他们的脑海里，其实不仅有"全庸"，还有"金康""全康""金唐"等名目。当这些"加减法"被识破之后，更高妙的技法应运而生："金庸巨著"，四字连成一线，根本不容你分辨是"金庸巨——著"还是"金庸——巨著"，"金庸新著"、"金庸力作"自然也在此列。对应着古龙的有"古尤""吉龙""古犬"等。梁羽生除"梁诩生"外，尚被偷"梁"换"梁"为"梁羽生"。

　　梁和柱是建筑结构中最关键、最重要、最结实、作用最大、选料最精的部件。建筑物是否稳固，取决于梁和柱；梁软屋塌，柱折房垮。

　　正因为梁和柱在房屋建筑中起如此巨大的作用，梁和柱除了用来类比其他事物的关键与精华部件外，还经常用来比喻国家和社团里重要的、关键的、优秀的、起中坚作用的精英人物。虽然二者都很重要，但二者所起的作用是有重大区别的。偷梁换柱作为一个比喻，指使用手段，暗中更换事物的关键部分，从而改变事物的性质和内容。用现在流行的说法，是属于制假贩假一类的手法，因此，要对付它，就得打假。

无论用在政治上还是商业上，偷梁换柱都是不那么光彩的。可是有这么个故事，看了后你就会明白。熟悉它，掌握它，还是有用的！

清朝康熙年间，有一粮店的刘老板，为了提高利润，他打算把秤调小。当时的计量单位为十六两一斤，他想改为十五两一斤的。他摆了一桌酒席，让儿子把制秤的吴师傅请来。酒过三巡后，吴师傅问刘老板打算制作什么秤，刘老板就把自己的想法说了，接着把沉甸甸的五十两银子递了过去。吴师傅勉强答应了。可刘老板的儿子不同意这样做，他认为：这样只能骗一时，过不了多久人们就会察觉出来，再也不会来这里买粮食了，那样粮店也就黄了。但他没有立即表明自己的态度。当刘老板让他送吴师傅时，出了二门后，他悄悄地对吴师傅说："我父亲刚才说错了，其实想让您做十七两一斤的秤。"说着把一块足有七十两的银子递了过去，并对吴师傅说："给你添麻烦了，请您笑纳。"吴师傅愣了一下，接过银子，告辞走了。三天后，刘老板的小儿子取回了秤并放在柜台上。又过了一个月，刘老板上店里看生意时，一个小伙计对他说："老板真是有福，隔好几条街的人都上咱这买粮食。"刘老板一听，心里别提多高兴了，但没有细想为什么会有这么多人来。一晃到了年底，盘账时比往年多赚了五千多两银子。当刘老板神秘地把因为秤上少一两才赚这么多钱的秘密告诉家人时，他小儿子突然跪下了。在场的人都愣了，小儿子磕头请求父亲原谅。当刘老板问什么事时，小儿子就把让吴师傅改秤的事说了一遍。刘老板听后大吃一惊，让大儿子把秤取来验证，果然是多一两。第二天，刘老板对全家人宣布，小儿子升为店里的掌柜，负责店里的经营。

第二十六计　指桑骂槐

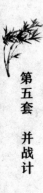

【原文】

大凌小者，警以诱之①。刚中而应，行险而顺②。

【注释】

①大凌小者，警以诱之：强大者要控制弱小者，要用警戒的办法去诱导他。

②刚中而应，行险而顺：语出《易经·师》。师，卦名。本卦为异卦相叠（坎下坤上）。本卦下卦为坎为水，上卦为坤为地，水流地下，随势而行。这正如军旅之象，故名为"师"。本卦《象》辞："刚中而应，行险而顺，以此毒天下，而民从之。""刚中而应"是说九二以阳爻居于下坎的中信，叫"刚中"，又上应上坤的六五，此为此应。下卦为坎，坎表示险，上卦为坤，坤表示顺，故又有"行险而顺"之象。以此卦象的道理督治天下，百姓就会服从。这是吉祥之象。毒，督音，治的意思。

【译文】

强者制服弱者，要用警告的办法来诱导他。主帅强刚居中间正位，便会有部属应和，行事艰险而不会有祸患。

【计名讲解】

"指桑骂槐"作为一个成语，本意指的是指着桑树骂槐树，后来比喻借题发挥，指着这个骂那个。指桑骂槐的意思与指桑说槐、指东说西、指猪骂狗、捉鸡说狗等的会意相似。这几个词语意义相近，结构相似，由于桑槐、东西、猪狗、鸡狗等事物与人们的日常生活关系密切，故而人们在表达指此说彼的意思时，便自然用到了这些词语，以达到生动形象的效果。

作为一计，语见于《金瓶梅词话》六十二回："他每日那边指桑树骂槐树，百般称快；俺娘这屋里分明听见，有个不恼的？"《红楼梦》第十六回中也说："凤姐道：'你是知道的，咱们家所有的这些管家奶奶，哪一个是好缠的，错一点儿，他们就笑语打趣，偏一点儿他们就指桑骂槐……'"

作为作战的计谋，指桑骂槐本是一种间接训诫部下，以使其敬服的谋略。此计还引申为运用各种政治和外交谋略，"指桑"而"骂槐"，向对手施加舆论压力以配合己方的军事行动。对于弱小的敌人，可以用警告和利诱的办法，不战而屈人之兵；对于强大的对手，则可以旁敲侧击以威慑他。

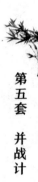

古人按语说："率数未服者以对敌，若策之不行，而利诱之，又反启其疑。于是故为自误，责他人之失，以暗警之。警之者，反诱之也。此盖以刚险驱之也。或曰：此遣将之法也。"意思是：统率那些一向不听指挥的部队对敌作战，如果我发令而部下不执行，如果靠利益去拉拢，反而使其怀疑。这时，可以故意制造事端，责难他人的过失，借以暗示警告。所谓警告，是从另一面使其折服，这是使用强硬而果敢的手段以慑服部下的办法。因此，这也是调兵遣将的一种手段。

● 指桑骂槐

此计用在军事上，指的是战争指挥者用"杀鸡儆猴、敲山震虎"的最有效的暗示手段，来慑服部下、树立威严。通俗地说，作为一个有德、有信的军事指挥员，必须刚强而不偏激，果断而勇敢，这样才能使士兵信服和顺从。

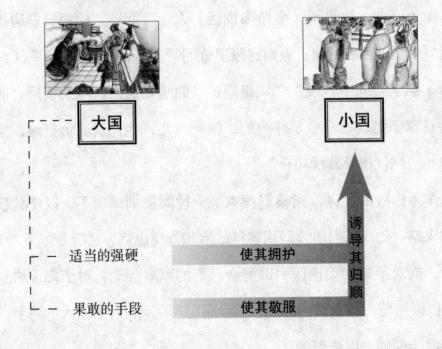

实用谋略

田穰苴严军纪斩庄贾

当自己身处高位，但尚不能服众时，可以借有人不服从自己的机会，扬刀立威，杀一儆百，以树立自己的威信。

春秋后期，晋国和燕国经常联合起来侵扰齐国西北部边境。公元前531年，燕国军队攻入齐国河上之地，晋国军队则侵入齐国的阿、鄄等地。边境的告急文书，一个接一个地飞往齐国的都城临淄，齐国国内大乱。齐景公忧心忡忡，便找来相国晏婴一起商量对策。晏婴认为，齐军屡败的原因，主要是主将无能，眼下当务之急是选拔一位有才能的大将。于是他向齐景公推荐了田穰苴。

田穰苴是齐国贵族田完的后裔，出身于田氏的庶支旁系，到他这一代田氏族人已经是一般平民了。虽然田穰苴地位卑微，但是他勤奋好学，尤其喜欢读前人的兵书。从军之后，田穰苴屡立战功，常常凭着自己的武略威慑敌人，是一位有勇有谋的军事人才。

齐景公听了晏婴的介绍，真是喜出望外。于是，齐景公立即派晏婴备厚礼，前往东海之滨请田穰苴。田穰苴来到临淄，齐景公拜他为大将，命他领兵去迎战晋、燕两国的军队。

田穰苴身材矮小、容貌丑陋，他深知自己人微言轻，难以调动军

队，于是就请求派一位德高望重的大夫做他的监军。齐景公沉思片刻，决定派自己的宠臣庄贾担当监军之职。

　　一切准备就绪，田穰苴与庄贾向齐景公告辞。出来后田穰苴对庄贾说："现在军情紧急，请监军大人明天中午在军营门口会合整饬军马。"第二天，田穰苴提前赶到军营，在营门前竖起记时的标杆，上面挂着滴漏铜壶，等待庄贾的到来。

　　到了正午时分，还不见庄贾的踪影。于是，田穰苴命令部下，立即砍倒标杆，放掉漏壶中的水，然后返回营中，集合全军，点兵遣将，部署出征的事宜。庄贾为何没有及时赶到呢？原来，庄贾向来骄纵，仗着齐景公对自己的宠信，对新提拔的田穰苴根本不放在眼里，对于中午在军营门口会合的事更是不当回事，这次自己又是全军的监军，所以只顾与送行的亲友喝酒取乐，早把昨天的约定完全丢在了脑后。

　　处理完军务后，田穰苴身着戎装在军营门口等待庄贾，一直等到日落西山，还没见到庄贾的踪影。田穰苴正要返回营帐，忽见庄贾乘着华丽的马车正向军营驶来。等到庄贾走下马车，田穰苴强压住心中怒火，厉声问："军情紧急，约好监军大人今天中午在军营门口会合。现在太阳都下山了，监军才来到军营，这是为何？"

　　"啊，是这么回事，亲戚朋友听说我做了监军，特邀我去吃了几杯酒。所以来晚了一会儿。"田穰苴听罢，愤怒地说："你作为监军，难道不知道军纪吗？执行命令是一个军人的天职！现在敌人侵我国土，边境上的将士都在浴血奋战，你倒有心思喝酒庆贺！"说到这里，田穰苴转过身，向后边的军法官问："庄监军违犯军令，按军法该如何

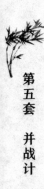

处置？"

"当斩！"

庄贾一听到"斩"字，吓得腿都站不稳了。他心知不妙，急忙打发随从快马加鞭，赶紧去向景公求救。

"立即拿下去斩首示众！"田穰苴一声令下，士卒将庄贾绑了起来，然后押到营门外等候处斩。

田穰苴把国君的宠臣绑了起来，三军将士见了无不震惊。过了一会儿，齐景公派来的使者手执符节，直驰营中，向田穰苴传达景公赦免庄贾的命令。田穰苴大怒道："将在外，君命有所不受！庄贾贻误军机，触犯军法，按军法当斩，谁都不能庇护！"

没过多长时间，庄贾的人头就悬挂在辕门的旗杆上了。

田穰苴又回头问军法官："在军中策马奔驰者，该当何罪？"

"当斩！"

齐景公的使者听说自己犯了"军中驰马"的死罪，顿时吓得瘫在地上，拼命地喊他是齐王派来的。田穰苴说："国君的使者不能斩首。如果那样做，是对国君的大不敬。既是国君派来的使者，可以不杀，但必须执行军纪。"于是下令斩了使者的仆人，砍了马车左厢的木柱，宰了左边那匹驾车的马，以此来代替使者的死罪，并号令三军，以正军法。顿时，三军军威大震，三天之后部队出发了。

正在进攻齐国的晋军得知田穰苴率军赶来，且听到田穰苴斩杀庄贾的事情，知道田穰苴不容易对付，便收兵离开了齐国。燕军听到晋军已经撤退回国的消息，感到势单力孤，不愿与齐军争锋，也急忙北

渡黄河，撤兵回国了。田穰苴率军乘胜追击，一举收复了被晋、燕侵占的疆土，安抚那里的百姓，然后班师回朝了。

田穰苴领命之初，深知自己人微言轻，难以服众，所以便拿庄贾扬刀立威，作为严肃军纪的突破口。其目的是为了在军中树立起自己的威严，告诫部下必须严明执法。

其实田穰苴此举是设置了一个"圈套"，但这个圈套并不是故意陷害人的。如果庄贾严守军纪，对别人同样能够产生正面的榜样作用。将士们看到庄贾严守军纪，就会这样想：连齐景公的宠臣都无条件地执行司马穰苴的命令，我们还有什么好说的，谁还敢不服从命令？如果庄贾因违纪而被处罚，那就给全军树立了一个反面典型。假如有人胆敢违抗命令，就会得到与庄贾同样的下场。连齐景公的宠臣都敢杀，还有谁不敢杀呢？因此，可以说田穰苴斩杀庄贾是对指桑骂槐之计的一次巧妙运用。

西门豹治邺

初到一个地方管理事务，可以采用指桑骂槐的办法，间接地打击该地的不良现象，并树立自己的威信。

魏文侯派西门豹治理邺城。到邺城后，西门豹向当地德高望重的人请教地方的风土民情，当他听到"为河伯娶妻，穷尽民财"时，心里有些疑惑。当地人告诉他，为免水患，每年邺城百姓都要张罗给河伯娶个妻子。邺城的三老、廷椽也以此为名向百姓征缴重税，而负责此事的女巫则要在小户人家中拣选未婚女孩作为河伯之妻。仪式开始后，被挑选为河伯妻子的姑娘就被放在一张草席上，送入河中。河水湍急，载着姑娘的草席漂不了多远就沉没了。邺城的百姓都对此事敢怒不敢言。

西门豹认为，要想消除这一恶俗，其关键是惩处通过这件事而获利的三老。于是，西门豹告诉当地百姓："到了河伯娶妻的时候，希望三老、巫祝、父老都到河边去送新娘，到时我也要亲自送这名女子去嫁给河伯。"

河伯娶妻的日子到了。西门豹来到仪式现场，发现当地的三老、官员、巫祝果然都到齐了，百姓也来了很多，足有上千人之多。

负责主持仪式的巫祝是个上了年纪的巫婆，她身后还跟着不少衣着华丽的女弟子。西门豹假装对河伯娶妻的事情非常好奇，他要巫祝把即将成为河伯妻子的女子带过来，西门豹将她上上下下打量一番，说："这女子不漂亮。"然后，他又看了看站在身后的巫婆，说："麻烦你到河里去禀报河伯，就说需要重新找个女子，过几天再给他送去。"说完，便命左右差役将巫婆扔到河里。

西门豹在河岸上站了好一会儿，又转过头对巫婆的女弟子说："你们师父去了那么久都没回来，你们去催催她吧。"于是，巫婆的女弟子也被扔到河中。

又过了一会儿，西门豹又对三老说："巫婆和她的弟子都是女子，不能把事情讲清楚，请三老替我说明情况。"接着又把三老扔到河里。

此时，站在三老身旁的廷椽早已吓得面如土色，慌忙跪倒在地，不住地磕头谢罪。西门豹饶恕了廷椽，自此之后，邺城没有人再敢提议为河伯娶妻了。

西门豹借口为河伯挑更漂亮的妻子，把巫婆、三老扔到河中。此举不仅警告了那些通过为河伯娶妻而牟利的人，还震慑了当地所有搜刮民财、伤害百姓的人，大大改善了邺城的风俗。而在消除了河伯娶妻的陋习后，西门豹开始带领邺城百姓治水，他们通水渠，筑堤坝，经过多年的努力，终于消除了邺城的水患。

古弼巧谏太武帝

《孙子兵法》在阐释"指桑骂槐"时提到，这是一种居上位者控制处下位者的方法。但在现实生活中，处下位者也可对居上位者施用此计。有些时候，对于一些问题，处下位者意识到了，可是居上位者没有意识到，由于种种原因，处下位者的声音很难被居上位者听到。这时处下位者便可用指桑骂槐的办法来吸引居上位者的注意力。北魏大臣古弼就是这样使原本专注下棋的太武帝认认真真地倾听自己关于民生情况的报告的。

公元444年的一天，古弼接到了一封来自上谷（今河北省张家口一带）民众的信，信上说朝廷在上谷建造皇家苑囿给老百姓带来了极大的灾难，劳民伤财不说，还让大量农民失去了赖以生存的土地。当地百姓希望朝廷能悯恤下情，将土地还给农民。

古弼看完信后，马上写了奏折，进宫向太武帝进谏。不巧的是，他进宫时，太武帝正在和一个名叫刘树的大臣下棋，整个人都专注在棋局上，没心思理会古弼。古弼站在旁边等了很久，都没见太武帝流露出一点儿听自己说话的意思。

古弼又急又气，但他不能直接打断太武帝下棋，向太武帝诉说自己的不满。于是，他急中生智，突然抓住刘树，将他从凳子上扯下来。然后，一只手揪住刘树的耳朵，一只手攥成拳头猛打刘树的后背。刘树被打蒙了，太武帝也愣住了，惊讶得连手里的棋子都掉在了地上。古弼一边打一边骂："国家的事没治理好，全都是你的罪过。"太武帝一听，很快反应过来古弼是在指桑骂槐。但他没有因此发怒，而是一面制止古弼，一面表示是自己不好，没有及时处理古弼的奏折："是我的过错，和刘树没关系，快放开他！"

古弼见太武帝明白了自己的用意，就松开刘树，将上谷民情一一陈述。太武帝听了，马上下令将当地皇家苑囿的一半土地分给贫民。几天之后，古弼为殴打刘树一事向太武帝赔罪。太武帝没有怪罪他，还嘱咐他，如果以再后有什么民情国事要禀报，不用拘泥于礼节，只管大胆去做便可以了。

古弼的指桑骂槐起到了很好的效果，太武帝显然对自己下棋误政的行为进行了反思，肯定了古弼大胆进谏的行为。不过，需要注意的是，如果古弼面对的不是一个勇于纳谏、知错能改的英明君主，那他的做

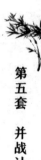

法多半会起到反效果。因此，如果打算用指桑骂槐的方法向某人提意见，首先要看对方是怎样的人，若对方会因此而恼羞成怒，则不妨采取更为委婉的方式转达自己的意见。

商业案例

指桑骂槐成就了"小职员"

日本寿险业有近百万名从业人员，在日本，很多人不一定知道全日本二十家寿险公司总经理的姓名，却没有一个人不认识原一平。他的一生充满传奇。

原一平身材矮小，其貌不扬，在机缘巧合之下进入了日本著名的寿险公司——明治公司。在明治公司工作三年后，原一平为了大幅度、高层次地推销保险业务，构想出一个详尽而周密的推销计划。他找到保险公司的董事长串田万藏，要了一份介绍日本大企业高层次人员的资料。串田先生不仅是明治保险公司的董事长，还是三菱银行的总裁、三菱总公司的理事长，是整个三菱财团的最高首脑。原一平想，通过串田，不仅可以使自己经手的保险业务打入三菱的所有组织，而且还能打入与三菱相关的所有大企业。但原一平不知道，保险公司早有约定：包括董事长串田在内，凡从三菱来明治工作的高级人员，绝对不介绍保险客户。

果不其然，原一平刚见到串田，就被当场回绝，而且还受到对方的一顿奚落。原一平觉得串田有些咄咄逼人，便顶撞了他几句。串田身为集团总裁，还没有哪个下属敢违逆他的决定，因此十分生气，就把原一平赶了出去。

原一平气冲冲地走出三菱大厦。一路上他想了很多，他为自己的计划被拒绝而感到失望，对自己的上司也很气恼。当他无可奈何地回到保险公司，正要向上司阿部提出辞职请求时，电话铃响了。

阿部拿起电话。电话是串田打来的。他告诉阿部，原一平到他那里对他恶语相加，他非常生气。停了一下，串田说："也许原一平的想法是对的。保险公司以前的约定确实偏激，我们也是保险公司的高级职员，理应为公司贡献一份力量。我想，我们还是参加保险吧。"

第二天，串田亲切会见了原一平。他说已经召开过临时董事会，决定凡三菱的有关企业必须把全部退休金投入明治公司，作为保险金。

在这则故事中，原一平面对上司咄咄逼人的架势，不但毫不退缩，还敢于顶撞，终于使对方对他产生敬服之心，所以采纳了他的计划。这则故事正是指桑骂槐的计谋在商业领域的成功运用。

凯瑟琳的"诚实无欺"策略

凯瑟琳·克拉克是一位能干的主妇。她凭着自己高超的厨艺，开了一家小家庭式面包屋。凯瑟琳当时开面包屋的想法很简单，就是增

加一些收入来补贴家用。可谁曾想到，就是这间小小的面包屋，在十年时间里竟然发展成一家年收益400万美元的大型食品公司。凯瑟琳经营的秘诀是什么呢？只有四个字，那就是"诚实无欺"。

凯瑟琳标榜她的面包是"最新鲜的食品"，保证绝不卖存放超过三天的面包。为了得到消费者的信任，凯瑟琳在包装上特别注明了面包的烘制日期。

起初，这个规定给她带来巨大的麻烦。因为一种新产品上市，不可能马上就有销路。存货一多，要严格执行"不超过三天"的规定的确很困难。尤其是各经销店，不愿天天检查面包的烘制日期，他们宁愿把过期的面包留在店里卖。凯瑟琳知道后，坚决把过期的面包收回。许多人开始抱怨凯瑟琳，说她这样做未免太认真了；再者，一个面包存放三天也不会变质，为什么非要坚持这一规定呢？凯瑟琳不听这一套，还是一如既往地坚持这一原则。她严格要求自己的职工，让他们无论如何都要保证面包的新鲜度。

有一次，发生一场水灾，市场上面包紧缺。凯瑟琳公司的外勤人员由于没有接到特别的指示，照常按循环表到各经销店送刚烘出来的新鲜面包，回收超过期限的面包。

一天，运货员在几家偏僻商店收回了一批过期面包，返程途中停在人口稠密区的一家经销店前，立刻被一群抢购面包的人围住了，这些人提出要购买车上的面包。

运货员向他们解释，说面包是过期的，不能卖给大家。这群人不信，说这是囤积居奇，想卖大价钱。人越围越多，连记者也赶来了。

运货员被逼无奈，只得解释说："各位女士、先生，请相信我。我不是不肯卖，更不是想囤货投机，实在是我们规定得太严了。车上面包全是过期的，如果我们经理知道了我把过期的面包卖给顾客，我就会被开除的。因此请你们原谅我吧。"

不管运货员如何解释，顾客们非要坚持买车厢里的面包。运货员无奈之下，只得答应了他们的请求，结果这车面包很快就被抢购一空。回去后，这位运货员果然受到凯瑟琳的严厉指责。记者们知道了这件事后，都替这位运货员鸣不平。这件事后，大家都为凯瑟琳的诚信与严谨而感到敬佩，面包房的名气越来越大了。

凯瑟琳为了保证面包房的良好信誉，对公司职员严格要求，对于运货员被迫销售"过期"面包的行为，凯瑟琳对其进行严厉批评，这对面包行业的其他经营者也是一个警示，起到了"指桑骂槐"的效果。

人和产品为先，然后才是利润

"把利润放在人和产品之后是福特公司造就的奇迹。"福特公司前任 CEO 唐·皮特森如是说。

美国福特公司是奉行生产观念的典型代表。该公司创始人亨利·福特于 20 世纪初开发汽车市场时，通过改进生产线，大规模地生产黑色 T 型车，大大降低了成本，使大多数美国人都能开上福特车。但降低成本并不是福特汽车追求的最终目标，福特公司一直将人和产品放在利润之前，并致力于创造一个完美的"顾客企业"。

企业与顾客的关系也叫"顾客资本"。在智力资本的三大领域（人力、结构和顾客资本）中，顾客资本无疑最具价值，因为顾客是衣食父母。正因如此，顾客在财务上留下来的足迹，比其他人、系统或能力更容易跟踪分析。

福特汽车公司在经过研究后得出结论：顾客忠诚度（下一次仍买福特汽车的顾客人数）增加一个百分点等于年利润增加一亿美元。福特汽车将诸如此类的问题一个个细化到每一位负责人手上，将"顾客利益至上"的法则体现得淋漓尽致。另外他们在处理体现在投诉信、顾客回头率、交叉销售、顾客推荐、回复电话的速度等方面的问题时，都有比较出色的表现。可以预见的是，通过种种努力，福特汽车势必进一步巩固和发扬"顾客企业"的模式。

福特汽车已然是世界一流的汽车企业，但它仍然坚守着亨利·福特先生开创的企业理念："消费者是我们工作的中心所在。我们在工作中必须时刻想着我们的消费者，提供比竞争对手更好的产品和服务。"正因为这样，2004年，福特汽车的32万名雇员在世界各地200多个国家的福特汽车制造和销售企业中，共同创造了35亿美元的净收入。

福特汽车公司通过一如既往的"利润第二"法则，在取得了客户的信任与支持后，其旗下拥有的汽车品牌也不断增多。此外，还拥有世界最大的汽车信贷企业——福特信贷（FordCredit）以及汽车服务品牌（QualityCare）。这些都是人们非常熟悉的品牌。同时，由于福特汽车公司多年的苦心经营，这些品牌本身在消费者心目中都具有巨大的

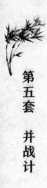

价值。

一个成功的企业，必须要有对利润的预见性，不论是将利润排在第几位，其目的还是为了利润。长期和客户的利益共存，设身处地地为客户着想，这是全球化经济时代必须要实施的战略。"利润第二"法则有"指桑骂槐"的智慧。

【点评】

民间有很多关于"指桑骂槐"的轶事，在传说与历史故事中，又有很多指桑骂槐的高手，如淳于髡、孟优、东方朔，几乎把这个"骂人术"变成了一门高雅的艺术。

在经商活动中，使用"指桑骂槐"之计，对于强大的一方来说，可以用来警戒震慑弱小的一方；对力量弱小的一方来说，采取强硬、果敢手段，也能取得意想不到的效果。

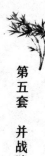

孙子兵法·三十六计

第五套　并战计

第二十七计　假痴不癫

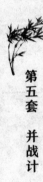

【原文】

宁伪作不知不为，不伪作假知妄为^①。静不露机，云雷屯也^②。

【注释】

①宁伪作不知不为，不伪作假知妄为：宁可假装着无知而不行动，不可以假装知道而去轻举妄动。

②静不露机，云雷屯也：语出《易经·屯》。本卦为异卦相叠（震下坎上），震为雷，坎为雨，此卦象为雷雨并作，环境险恶，为事困难。"屯，难也"。《屯卦》的《象》辞又说"云雷，屯"。坎为雨，又为云，震为雷。这是说，云行于上，雷动于下，云在上有压抑雷之象征，这是屯卦之卦象。

【译文】

宁愿假装不知道而不采取行动，而不要假装知道而轻举妄动。

要沉着冷静，不露出真实动机，如同雷霆掩藏在云雷后面，不显露自己。

【计名讲解】

"假痴不癫"作为三十六计中的一计，本意指的是假装痴呆，掩人耳目，另有所图。

此计名是从民间俗语"装疯卖傻"、"装聋作哑"等转化而来的。商朝末年，箕子佯狂就是运用此计的一个典型。以后，人们把它运用于军事上，主要有两种用法：一是用于举行兵变，主要是为了麻痹敌人，以便自己积蓄力量，等待时机发起攻击；二是作为一种愚兵之计。

假痴不癫，重点在一个"假"字。这里的"假"意为伪装。装聋作哑，痴痴呆呆，而内心里却特别清醒。此计作为政治谋略，就是韬光养晦之术，在形势对自己不利的时候，表面上装疯卖傻，留给人以庸碌无为的假象，借此隐藏自己的志向或才能，以免引起对手的警惕。刘备早有夺取天下的抱负，只是当时自己力量太弱，根本无法与曹操抗衡。一日，曹操请他喝酒，席上曹操问刘备谁是天下英雄，刘备列了几个名字，曹操都一一否定了。这时，曹操突然说："天下的英雄，只有我和你两个人！"一句话说得刘备惊慌失措，吓得手中的筷子掉在地上。幸好此时打了一声雷，刘备急忙遮掩，说自己被雷声吓掉了筷子。曹操见状，大笑不止，认为刘备成不了什么大事，不足为惧，于是对刘备放松了警觉。后来刘备摆脱了曹操的控制，终于成就了一番大业。

古人按语说："假作不知而实知，假作不为而实不可为，或将有所为。当其机未发时，静屯似痴；若假癫，则不但露机，且乱动而群疑。故假痴者胜，假癫者败。或曰：假痴可以对敌，并可以用兵。"意思是：善于用兵制胜的人，并不沽名钓誉，也向来不炫耀自己的战功。当战机还未成熟的时候，要沉着准备如痴似呆。如果佯作疯狂，则不但暴露战机，而且因为过早行动而引人猜疑。所以说，装呆者必胜，佯癫者必败。

● **假痴不癫**

此计当作政治谋略，就是韬晦之术。用在军事上，它指的是虽然自己具有相当强大的实力，但故意不露锋芒，装作糊涂而不行动，用以麻痹敌人，使敌人骄纵，然后伺机给敌人以措手不及的打击。

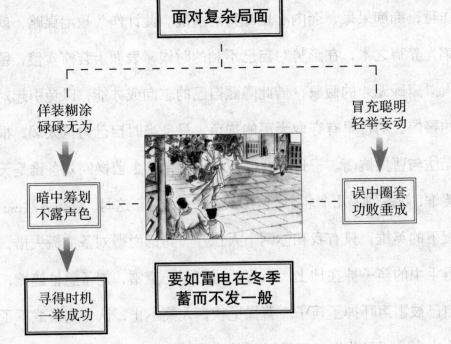

面对复杂局面

佯装糊涂
碌碌无为

暗中筹划
不露声色

寻得时机
一举成功

要如雷电在冬季
蓄而不发一般

冒充聪明
轻举妄动

误中圈套
功败垂成

司马懿装病篡权

"假痴不癫"是一种以退为进，后发制人的策略。用在政治上，就是一种韬光养晦之术。三国时的司马懿，就曾用此计谋除掉了自己的心腹大患。

司马懿是三国时期的政治家、军事家，他出身士族，很早就追随曹操南征北战，立下了赫赫战功。在中国历史上，司马懿是一个不可多得的将才，同时又是一个善于玩弄权术的阴谋家。魏文帝曹丕当政时，司马懿受到重用，地位逐渐显赫起来。到魏明帝曹睿时，他曾多次抵御蜀国的进攻，成为曹魏的股肱之臣，并开始专擅朝政，扩充司马氏的势力。

魏明帝临终前，把年仅八岁的太子曹芳托付给大将军曹爽和司马懿，希望他们能够共同辅佐幼主。曹爽仗着自己是宗亲贵胄，便有些瞧不起司马懿，更不想让司马懿与自己分享权力。曹爽采用明升暗降的手段，让弟弟曹羲上表，将司马懿提升为太傅，从而剥夺了司马懿的兵权。司马懿丢了兵权，他知道曹爽的势力强大，自己一时斗不过他，只能暂时忍下这口气，待以后寻找机会，再把大权夺回来。于是，司马懿运用韬光养晦的招数，借口年老多病，从此不再上朝，他的两

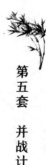

个儿子司马师、司马昭也退职闲居。

曹爽对司马懿还是有些不太放心。这时，朝廷命李胜做荆州刺史，曹爽让李胜以拜辞为名，到司马懿府中去察看动静。

司马懿听说李胜来辞行，早就猜透了他的来意，立刻想好了对策。他急忙爬上床，扔掉头冠，披头散发，然后躺在床上，由两名侍女在旁服侍。

李胜走进司马懿的卧室，只见司马懿"病容满面"，早已没了先前率兵出征时的豪气。司马懿躺在病床上，他见到李胜，连忙作势要披衣坐起，可是他的手颤颤发抖，不但没能穿上衣服，还把衣服滑落到了地上。最后还是在两名侍女的帮助下，司马懿才勉强穿上衣服。李胜看到司马懿的情况，心中暗暗高兴，他说："我听说您旧病复发了，没想到病得这么厉害！我就要去荆州上任了，今天特地来向您辞行。"司马懿张口想说话，不料一口气接不上来，张大嘴喘了半天才缓过劲儿来。他故意上气不接下气地说："并州……在北方，离胡人很近，你……你要多加小心，严加防备。我这条老命快不行了，怕是再也见不到你了。我这两个儿子——司马师、司马昭，还请你多费心照顾啊。"

李胜见司马懿把"荆州"听成"并州"，只道他耳朵不好使了，便说："我要去的是荆州，不是并州。"司马懿说："是啊，是啊，你是说……你刚从并州回来？"李胜听后，觉得好笑，又重复了一遍。司马懿摇了摇头，似乎清醒了些："我上了年纪，耳朵又背，都快成老糊涂了，难怪别人说什么都听不懂。"两个侍女给他喂药，他吞得很艰难，汤水还从口中流出，沾满了前胸，就像个小孩子一样。接着他对李胜说："如

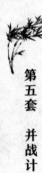

第五套 并战计

今我年老病笃，死在旦夕，如果见了大将军，就请代我说，我的两个儿子不肖，还望大将军格外照顾。"说罢又上气不接下气地咳起来。

李胜回去后，向曹爽报告了自己的所见所闻。曹爽听罢，如释重负，说："看样子，司马懿马上就要死了。司马懿一死，我就高枕无忧了！"从此，曹爽放松了对司马懿的警惕。

一日，曹爽请魏主曹芳去拜谒高平陵，祭祀先帝，大小官僚皆随驾出城了。司马懿得知这一消息，认为时机成熟了，急忙与二子商量杀掉曹爽的计策。司马懿知道这时宫内空虚，于是密令司徒高柔代行大将军事。其后，司马懿亲自披挂上阵，召集了过去的老部下，带着司马师和司马昭迅速占领了曹爽的兵营。紧接着，司马懿进入宫中，在太后面前一一细数曹爽的罪名，威逼太后同意除掉曹爽。太后没办法，只得照他的话去做。

不久，曹爽为司马懿所擒。司马懿以篡逆的罪名，诛杀了曹爽一家以及曹爽的党羽，又把曹爽家财抄没入库，独揽了朝中大权。从此，魏国大权落在司马懿之手。曹芳封司马懿为丞相，加九锡，司马氏父子三人共管朝政，曹魏政权已是有名无实。

韦皋大智若愚擒逆

在形势不利于自己的时候，表面上示弱，给人以碌碌无为的印象，掩盖自己的真实意图，以免引起敌人的警觉，专一等待时机，到时一举消灭敌人。

唐德宗年间，发生了"朱泚之乱"。朱泚本是凤翔节度使，他野心勃勃，一心想取李氏而代之。唐德宗看出他的野心，便决定削夺他的权力。朱泚得到消息后，遂决定先发制人，派遣他的部将牛云光带领幽州兵五百人前往陇州。临行前，朱泚交给牛云光一份任命陇右营田判官韦皋为陇右留后的委任书，希望韦皋能为己所用。牛云光到达陇州后，没有立即传达朱泚的"旨意"，而是想先设下伏兵把韦皋擒住，待局势稳定后再传达朱泚的意思。谁料牛云光的计划不慎被泄露出去，他担心陇州出现动乱，便带领部下逃出陇州。

牛云光逃走后，准备回到凤翔，恰好这时碰上了朱泚派往陇州的使者苏玉。苏玉见到牛云光，向他了解了情况，并说朱泚准备加封韦皋为中丞。苏玉又说："韦皋不过是一介书生，如果他接受诏书，便是我们的人。如果不接受，你便派兵杀掉他，以绝后患！"

牛云光听罢，便和苏玉率领军队一起返回陇州。他们来到陇州城下，韦皋从城上问牛云光说："前些时候，你不告诉我一声就走了，今天又回来了，这是为什么呢？"牛云光说："先前我不知道你的本心，现在我们皇帝颁下诏书，打算任命你为中丞，所以我再次回来，愿意与你和好如初。"韦皋听后，毫不犹豫地表示愿意接受诏书。

韦皋先让苏玉入城，恭敬地收下诏书。然后对城外的牛云光说："如果你没有异心，为了使城中人不怀疑你，请将铠甲兵器悉数交出来，你的人马才可以进城。"牛云光认为韦皋是一介书生，轻看了他，便同意了韦皋的要求，于是将全部铠甲兵器搬送给韦皋，然后率众进了城。

第二天，韦皋为了表示他的诚意，特意在郡中的公舍里大摆宴席，宴请苏玉、牛云光和他们的部下。韦皋事先埋伏好了军队。在酒宴上，韦皋极力劝酒。苏玉、牛云光等人得意忘形，丝毫没有戒备之心，均喝得酩酊大醉。这时，韦皋的伏兵突然杀出，苏玉和手下还没来得及反抗，就被擒获了。

韦皋诛杀了牛云光，将叛军全部斩首。然后韦皋筑起坛场，与城中将士盟誓，决心誓死效忠唐室，讨伐叛贼。

在这一则故事中，韦皋运用愚兵之计，假装归顺叛军，在取得叛军信任后，再一举将其消灭，这正是对"假痴不癫"之计的成功应用。

海瑞智惩胡衙内

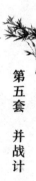

假痴不癫，重点在一个"假"字。这里的"假"，意思是伪装，装聋作哑，而内心里却特别清醒，这是一种高明的谋略。

明朝嘉靖年间，奸相严嵩当权，在全国各地广植党羽。浙江总督胡宗宪便是其中的一个。胡宗宪的儿子胡衙内仗着父亲的权势，为非作歹，欺压百姓，人们敢怒不敢言。

有一次，胡衙内带着几个随从离开杭州，溯富春江而上，直抵浙西。他们一路上游山玩水，作威作福，所经府县的官吏惧怕胡宗宪的权势，无不殷勤招待。胡衙内得意忘形，更加骄横起来。

然而，等胡衙内来到淳安县时，却是另一番景象：城门边没有一人出来迎接，住到馆驿后知县也不来看望一下。胡衙内不由得恼怒起来，喝令将驿吏捆绑起来，拿起马鞭边打边骂："我从杭州出来，一路上哪个不来讨好我？知府大人还为我牵马呢！只有你们淳安县的知县不肯出来迎接我。等我回去后，就会告诉总督大人，到时定叫你们吃不了兜着走！"馆驿的人赶紧将此事报告给知县。

这个知县便是有名的清官海瑞。海瑞闻报，十分生气，打算立即派人去抓胡衙内，但转念一想：他老子毕竟是自己的顶头上司，公开与他作对，未免要吃亏。海瑞思索了一会儿，想出一条"假痴不癫"的妙计。

不久，海瑞带着捕快直奔馆驿。进门后，海瑞见胡衙内在屋内毒打驿卒，大声喝道："把这个恶棍抓起来！"胡衙内满不在乎地说："我是堂堂浙江总督的儿子，你们谁敢抓我？"海瑞冷笑道："你是何方恶棍，胆敢冒充胡总督的公子？胡总督是朝廷一品大臣，处处体恤民情，爱护百姓，他的公子定是文质彬彬之人，怎么会是你这样的花花太岁？来人，将这个冒牌货捆起来，先掌嘴五十！"捕快不由分说，把胡衙内捆起来，朝着他的嘴巴打去。一时间，胡衙内满嘴流血，两腮红肿。

"再搜他的行李，看有无违法物品！"海瑞大声吩咐。捕班从胡衙内的行李中搜出许多银子和贵重礼品。海瑞沉着脸问："这些赃物是从哪里来的？"胡衙内回答："都是沿途官吏送的。"海瑞冷笑道："这么说，你肯定是个冒牌货了。若是胡公子出游，他每到一处必定访古问幽，决不会像你这样搜刮银子和宝物。你骗得过别处知县，却骗不过本知县。冒充胡公子胡作非为，败坏胡总督的名声，罪该万死！"这么一来，胡衙内再也不敢吱声了，吓得浑身直打哆嗦。几天后，海瑞差人将胡衙内解押到总督府，并交给胡宗宪一封信。胡宗宪拆开信，只见海瑞写道："属县近来查获一名冒充总督公子的诈骗犯。该犯以胡公子之名，到处招摇撞骗，敲诈勒索，骗得数千两银子和很多珍宝。属县深知老大人教子甚严，府上公子每日攻读，怎能有闲出游。如若出游，必然瞻仰名胜古迹，以增加自己的见识，怎会专门搜罗金银财宝？属县故此一眼将其识破，所骗赃物，一律充公。特将该犯押往府上，请老大人严惩！"胡宗宪看完信，又看看被打得鼻青脸肿的儿子，气得一句话都说不出来。毕竟自己的儿子做了错事，把柄抓在海瑞手里。胡宗宪只得打掉牙往肚里咽，埋怨儿子一番，此事也便不了了之。

海瑞明知眼前的"胡衙内"正是胡宗宪的儿子，却故意说他是假冒的，然后狠狠地将其毒打一顿，即便胡宗宪知道了，也不会追究此事，这便是一招典型的假痴不癫之计。

商业案例

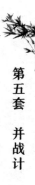

骗　局

前面说过，"假痴不癫"重在一个"假"字，只有假得逼真，才能取得成效。这一计谋在商业领域经常用得到。

德路比克是个服装商人，他和自己的弟弟在一块繁华地段开了家服装店。兄弟二人的服务十分周到，每天，德路比克都要站在服装店的门口，向行人推销。

在这家服装店里，常常会出现这样的场景：两兄弟中的一个，热情地把顾客拉到店中，反复介绍某件衣服既物美又价廉，穿上后又得体又漂亮。经过这么一番推销，顾客往往会被动地询问衣服的价格。

这时，德路比克先生把手放在耳朵上问："你说什么？"

"这衣服多少钱？"顾客只得又高声问了一遍。

"噢，你问多少钱呀，等我问一下老板。十分抱歉，我的耳朵不好。"德路比克转过身去，向那边的弟弟大声喊道："喂，这套衣服卖多少钱？"

弟弟站起身来，看了顾客一眼，又看了看服装，然后说："那套嘛，72 美元。"

"多少？"

"72 美元。"弟弟喊道。

哥哥回过身来，微笑着对顾客说："先生，42 美元一套。"

顾客一听，随即掏钱买下了这套便宜的衣服，溜之大吉。

其实，德路比克兄弟两人的耳朵一点儿也不聋，而是借"聋"给想占小便宜的人造成一种错觉，利用其爱占小便宜的心理来促销自己的服装。

还有一个类似的例子。

某城有两家专卖廉价商品的店，这两家的店面相邻，但店主却是死对头。

一天，A 店的橱窗中挂出一幅广告，上面写着：出售亚麻布被单，价格低廉，每床售价 5.5 美元。

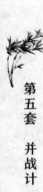

人们看到这则消息，纷纷奔走相告，趋之若鹜。没过多久，隔壁B店的橱窗里赫然出现了这样一则广告：再来我店看看，亚麻布被单，注意价格：每床 4.95 美元。

这样一来，拥向 A 店的人看到 B 店卖得比这里更便宜，马上离开 A 店，转而拥向 B 店。只过了一会儿，被单就被蜂拥而至的人们抢购一空。

这样的竞争在这两家店之间可以说从未间断过，不是我盖过你，就是你压过我，竞争异常激烈，从未停止过。而当地的人也总在盼望他们之间的竞争，这样好坐收渔翁之利。

除了利用广告相互压价竞争，两家店的老板还常常站在各自的店门口，相互指责、对骂，甚至拳脚相加，场面十分激烈，但最终总有一方败下阵来，打斗才能停止。

这时等待已久的市民们一般都会拥向胜利一方的店，将店内的商品一抢而空，不论能买到什么样的商品，他们都感到占了大便宜。

一晃，多少年过去了，两家店的主人也老了。突然有一天，B 店铺面上了锁，老板不见了。没过多长时间，A 店的老板也将店拍卖了，随后也搬走了。

终于有一天，店的新主人发现了一桩令人费解的事情：两家店之间有一条秘密通道相连。

原来这两个冤家竟是一对亲兄弟，他们平时相互威胁、相互攻击，都是故意装给外人看的。所有的一切都是骗局。他们二人"打斗"结束后，不论哪一方获胜，都会把失败一方的货物连同自己的一齐卖掉。

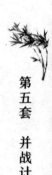

几十年来，他们利用了人们贪图便宜的心理，欺骗了不少消费者。

"包退包换"的生意经

"假痴不癫"的一个特点是以退为进，后发制人。经商时，给对方以精神或物质上的补偿，往往能取得更大的收益。"包退包换"的生意经就很好地体现了这一谋略。

有一位先生到商店为单位买奖品，顺便给自家的小孩买了件衣服，回家后才发现妻子也为孩子买了一件衣服，而且比他买的好看多了。第二天，他到商店退货，可是商店说什么也不退，惹得这位男顾客很生气，他对周围的人说，再也不去那家服务不好的商店买东西了。

有位古人，在商人"八训"中曾经写道："当顾客买的东西不随心意来退货时，应比卖货时更客气地对待。"这话颇有道理。因为常有卖主对买东西的顾客态度很好，一见退货就不高兴；再说顾客买了不称心的东西心里也不痛快，如果顾客退货时，卖主比卖货时服务态度还好，顾客就会感谢你，他会成为你的回头客，或许会给你带来更多的顾客。

在某些商店经常看到这样的告示：削价商品概不退换。其实，这种告示完全是多余的，对商店反而会有潜在不好的效果。作为商店应该鼓励退货，为了使买主买着放心，卖主卖着自信，商店就要做到保退保换。

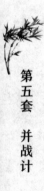

【点评】

有智慧的人表面看来往往有点儿"愚"。装愚可以掩盖自己的聪明，更可以掩盖自己的失误。一般来说，装得很愚的人，往往是个有远见、能成大事的人。

在现实生活中，那些有大智慧的人，往往不在众人面前，尤其不在同行、同事或同伴面前显露才华。外表上好像很愚笨，其实，这既是一种至高的人生境界，又是人生的大谋略。

外表愚笨而内心明智的人，是在人前收敛自己的智慧，表现出一副浑浑噩噩的样子。在小事上常常不如一般人精明，应变能力好像差一些。殊不知这正是"大智若愚"的表现。韬光养晦，让人以为自己无能，让人忽视自己的存在，而在必要时，能够不动声色，以自己的智慧，先发制人。

美国第九任总统威廉·亨利·哈里逊原出生在一个小镇上，他小时候是个文静怕羞的孩子。人们都把他看作是个愚笨的人，而且还经常捉弄他。他们经常把一枚五分硬币和一枚一角硬币扔在他的面前，让他任意捡一个，威廉总是捡那个五分的，于是大家都嘲笑他。有一天一位好心人问他："难道你不知道一角钱比五分钱值钱吗？"

"当然知道。"威廉慢条斯理地说，"不过，如果我捡了那个一角的，恐怕他们就再没有兴趣扔钱给我了。"

大智若愚，从一个角度来说，也可理解为小事愚，大事明。对于个人来说，这是一种很高的修养。所谓愚，是指有意糊涂。该糊涂的时候，就不要顾及自己的面子、学识、地位及权势，而一定要糊涂。该聪明、清醒的时候，则一定要聪明。由聪明而转糊涂，由糊涂而转聪明，则必定会取得成功。

无数事实证明，人们在交际方面，不要表现得过于"精明"。交际应是人与人情感的沟通和交流，只要诚恳待人就足够了。如果在与人交往时表现得精明，那就很容易把应该纯朴真挚的关系，人为地搞复杂了。

"假痴不癫"之计，用于商业经营之中常常是经营者为了掩盖自己的企图，以"假痴"来迷惑众人，装出糊涂的样子，以掩盖自己的聪明。

名家论《三十六计》

假痴不癫确实需要装疯卖傻，这样才能骗过你的对手。但欺骗对手只是手段，目的是通过麻痹和误导对手，最终制服或战胜对手。所以用这一计一定要有一个明确的目标，无论如何装疯卖傻都要瞄准这个设定目标才行，否则就自装了。其次，使用这一计如同演戏，你是演员，对手是观众，所以既要演得像，又不能演过火。"癫"就是过火了，太想演好，结果把戏演过了，穿帮了，反倒让人看出了破绽，这就不能达到目的。本计中要求"不癫"，就是告诉用计人要把握好分寸和火候，把戏演得活灵活现，又恰到好处，这样才能得其所愿。所以解语中说："宁伪作不知不为，不伪作假知妄为。"前一句就是"假痴"，要演到位；后一句就是"不癫"，不能演过火。这两者可不能混为一谈。

——任力

第二十八计 上屋抽梯

【原文】

假之以便，唆之使前，断其援应，陷之死地[①]。遇毒，位不当也[②]。

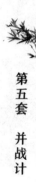

【注释】

①假之以便，唆之使前，断其援应，陷之死地：借给敌人一些方便，即故意暴露出破绽，以诱导敌人深入，乘机切断对方的后援，最终陷对方于死地。假，借。

②遇毒，位不当也：语出《易经·噬嗑》。噬嗑，卦名。本卦为异卦相叠（震下离上）。上卦为离为火，下卦为震为雷，是既打雷，又闪电，威严得很。又离为阴卦，震为阳卦，是阴阳相济，刚柔相交，以喻人要恩威并用，严明结合，故卦名为"噬嗑"，意为咀嚼。本卦六三《象》辞："遇毒，位不当也。"本意是说，抢腊肉中了毒，因为六三阴兑爻于阳位，是位不当。古人认为，腊肉不新鲜，含有毒素，

吃了可能中毒。

【译文】

故意（露出破绽）使敌人觉得方便（进攻我方），引诱它深入我方，然后截断它的后援和接应，使其陷入绝境。（敌人抢腊肉而）中毒，便会失去原有的地盘。

【计名讲解】

"上屋抽梯"作为三十六计中的一计，本意指上楼以后拿掉梯子，借指与人密谈，也用以比喻怂恿人，使人上当。

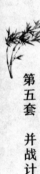

第五套 并战计

关于此计，有一个典故：东汉末年，益州牧刘表偏爱少子刘琮，不喜欢长子刘琦。刘琮的后母害怕刘琦得势，影响到儿子刘琮的地位，就非常嫉恨他。刘琦感到自己处在十分危险的环境中，于是多次向诸葛亮请教对策，但诸葛亮总是找借口推脱。一天，刘琦请诸葛亮到一座高楼上饮酒，当二人正坐下饮酒的时候，刘琦暗中派人拆走了楼梯。诸葛亮无奈，只得为他献上一计。

古人按语说："唆者，利使之也。利使之而不为之便，或犹且不行。故抽梯之局，须先置梯，或示之以梯，以乘机自起。"意思是：唆使、引诱或资助对方，使对方在不知不觉中进入一个他自认为很好的位置。当对方正沾沾自喜的时候，我方突然停止援助或切断其退路，置对方于前进不得，后退不能的尴尬地位。这是对付强敌的有效方法。要想实现此计，关键要先不动声色地诱敌上屋，而不留下一丝痕迹；

然后突然抽梯，完全不留给对方可乘之机。

　　按语中的"唆"指的是用利去引诱敌人。倘若敌人不上钩，这该怎么办？这就需要事先给敌人开个方便之门，即给敌人安放一个"梯子"。既不能让敌人猜疑，也不能让其意识到这个梯子的存在。只要敌人爬上了梯子，就不怕它不进我提前设置的圈套。苻坚就是中了慕容垂、姚苌的上屋抽梯之计，轻率地去攻打东晋，结果在淝水遭受惨败。而慕容垂、姚苌则趁机迅速扩张。

● 上屋抽梯

└ － －利用敌人贪求不应得之利益的心理，使其陷入孤立无援的死地。

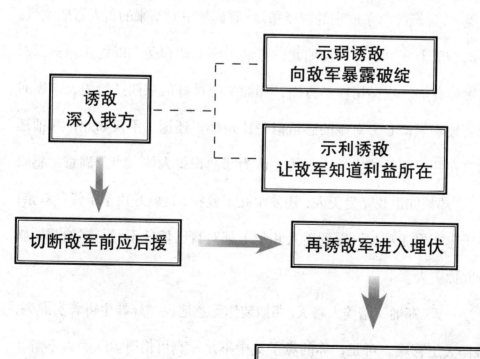

实用谋略

郑袖施计，美人割鼻

"上屋抽梯"是一种诱逼之计，在敌人面前，假意和他（她）友好，在骗取对方信任，使其放松警惕后，再从背后插上一刀，以实现消灭敌人的目的。

战国时期，魏王送了一个美女给楚怀王。楚怀王非常喜欢这个绝色美人，逐渐冷落了原来的宠妾郑袖。看到楚王对新来的美人百般宠爱，郑袖心里十分嫉妒。尽管如此，郑袖表面上却和美人以姐妹相称，对她疼爱有加。吃穿用度各方面，郑袖都把最好的东西送给美人，还时常陪她聊天谈心，对她的感情似乎比楚怀王还深。不仅如此，郑袖还时常在怀王面前赞赏美人。魏王认为郑袖识得大体，十分满意，感叹道："郑袖知道我宠爱美人，还爱她胜于爱我，这就好比孝子侍奉双亲，臣子忠于君主啊！"看到美人和楚王都对自己信任不疑，郑袖开始施计除掉美人。

一天，郑袖又陪美人聊天。郑袖装作无意地说："妹妹生得着实漂亮，难怪大王喜欢。可是，你的鼻子美中不足，真可惜呀。"美人不解，问郑袖何出此言。郑袖便告诉美人："大王屡次跟我提起你的鼻子不美，我才好意提醒你。"美人心慌意乱，忙不迭地求郑袖指教。郑袖见美人中计，于是建议她再次见到大王的时候掩住自己的鼻子，这样就能一直得宠。美人得此良方，对郑袖感激涕零。之后，楚怀王每次见到美人，美人都想方设法捂住自己的鼻子。楚王心生疑惑，便向郑袖问起此事。郑袖见时机已成熟，便抓住机会说："这件事不知当讲不当讲。"楚王更加好奇，忙向郑袖询问缘由。郑袖这才说："其实美人一直不喜欢大王身上散发出来的味道，所以想掩住鼻子以免闻到。大王对她如此宠幸，她实在有些不识抬举。"楚怀王一听，顿时怒不可遏，立即下令把美人的鼻子割掉了，并将她打入冷宫。

郑袖先是虚情假意，骗取了美人的信任，之后略施小计轻易除掉了美人，从此受到怀王专宠。这便是对上屋抽梯之计的一次成功运用。

曹玮诱敌

制造某种假象，让对方觉得大好时机到了，着手行动。假象中掩盖着圈套，如果敌方果真采取行动，一定会落入圈套，走向失败了。

北宋中期，宋朝西北边境经常遭到西夏人进犯。宋朝派大将曹玮驻守边疆抵御西夏人的进攻。

一次，西夏军队又来骚扰边境，曹玮领兵作战，英勇无比。西夏人不敌，只能撤军，宋军取得了初步胜利。眼见敌人已经走远，曹玮下令将西夏军逃走时留下的辎重和牛马带回军营。于是，宋军士兵搬运辎重、驱赶牛马缓缓地撤回营地。

西夏军队本来已经逃出了几十里，这时主将听说宋军正押运辎重回营，料想宋兵一定军心涣散，毫无戒备，于是决定原路返回，再次袭击宋军。

曹玮正率领军队返回军营，这时，忽听探子回报，说西夏军马上就要杀到。曹玮的部下大惊失色，纷纷提议让士兵扔掉辎重与牛马，重整队形准备作战。谁知曹玮不理会众人建议，命令军队继续缓慢前行，一直行进到一处利于作战的位置，才让军队停下备战，等待西夏军队的到来。

不久，西夏军追了上来，曹玮派人传话说："你们长途跋涉，人马疲惫，此时和你们开战，是我宋军乘人之危，胜之不武，有辱我军威名。准许你们先休整一段时间，等你们休息好了，我军再与你们决一死战。"

西夏军队远道而来，本来就很累了，正愁没有时间休整；这时听到曹玮的建议，都以为占到了大便宜，十分高兴，立刻就地休息。

过了一段时间，双方战鼓齐鸣，开始决战。宋军不费吹灰之力就将西夏军打得落花流水，西夏军再次落荒而逃。宋军大胜，班师回营。曹玮却令将士丢弃辎重与牛马上路。

属下不明白为何这么做，便向曹玮询问缘由。曹玮这才解释道："之前让士兵负赘而行，目的就是装出一副贪图小利、懒散缓慢的样子，将西夏军引诱回来。现在已经两次打败他们，想必他们短时间内再也不敢侵犯边疆。辎重、牛马对于我军来说并不是十分重要，现在带着它们只会增加负担，影响回去的速度。"

又有属下追问给敌军时间休整的原因。曹玮说："西夏军再次来袭，必定奔走了几十里路程，他们刚到时余勇尚存，我军势必陷入苦战，结果就未可知了。但如果留下时间让他们休息，士兵就会感到肌肉酸痛麻痹，那时敌人连站都站不稳，士气自然低迷，胜利就是我们的囊中之物了。"属下听了，深表佩服。

曹玮给西夏军队留下休息的时间，其实并不是真的要公平决斗，而是趁此躲避西夏军的锋芒，消磨其斗志。等到敌人士气低落的时候，再趁机消灭它们，这则故事也是运用上屋抽梯之计的典型战例。

张郃于木门道中计

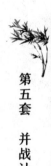

"上屋抽梯"计用在军事上，就是制造某种使敌方觉得有机可乘的局面，引诱敌方进入某种境地，然后截断其退路，使其陷入绝境，给敌方以致命的打击。

蜀汉建兴九年（公元231年）二月，诸葛亮第五次率领蜀军北伐。在行进过程中，诸葛亮下令割取陇上的麦子，以充军粮。又在卤城（今甘肃天水西南）伏击了司马懿，并大败西凉援兵。

诸葛亮大败魏军时，正值初秋季节，祁山一带连日大雨，道路难行。负责运粮的李严，深恐军粮无法按日运抵蜀国大营，遭受诸葛亮责怪，便假传后主刘禅的旨意，命诸葛亮班师回成都。诸葛亮接到圣旨，不由一惊。他不知道国内到底发生了什么事，眼下正是进攻曹魏的大好时机，无奈圣旨到了，只好做好退兵的准备。他知道，此时撤军，司马懿必定会乘机率大军追击。诸葛亮沉思片刻，终于想出了一招两全其美的妙计。

不久，诸葛亮命令马忠、杨仪领兵在剑阁和木门道两处埋伏，约定以响箭为号，一旦听到响箭声，便迅速塞断道路，两下夹击追兵。诸葛亮又令魏延、关兴引兵断后，并在卤城虚设旗号，然后大军向木门道撤退。

魏军打探消息的兵士把蜀军撤退的情况立即向司马懿禀报。司马懿听罢，高兴地说："现在诸葛亮已经撤退，谁敢去追？"大将张郃主动请缨，要求领兵追击。司马懿想了想说："不能让你去，你性子太急躁了。"张郃听了很不服气，他说："都督出兵之时，已命我为先锋。现在正是杀敌立功的好机会，却又不用我了，这是何故呢？"司马懿说："蜀军现在撤退，一定会在险阻之处设下埋伏，性子太急躁了容易吃大亏，万一中了埋伏，将损兵折将，只有十分谨慎的人，才可以派去追击蜀军。"张郃听了，不以为然地说："这一点我明白，请都督不必担忧。"司马懿见张郃执意要去，只得让他带领五千兵马先行，再让魏平率两万军队紧随其后，以防蜀军埋伏，司马懿则亲自率领三千人在后面接应。张郃出发时，司马懿再三叮嘱："蜀兵虽然撤退，途中必设埋伏，将军切勿大意。"

张郃率兵追赶蜀军。走到三十多里，忽然听到背后杀出一支人马，为首大将正是魏延。张郃见到魏延，立即率军冲杀过去。魏延佯装不敌，大败而逃。张郃引兵在后面追杀，又行了三十余里，刚翻过一座山坡，迎面遇到蜀将关兴。张郃见伏兵杀来，毫不畏惧，勇猛地向前冲去。

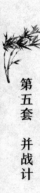

第五套　并战计

孙子兵法·三十六计

关兴抵挡一阵，也仓皇而逃。

张郃一直向前追赶，蜀军在沿途丢弃了许多衣甲辎重，魏兵见了，都下马争抢。张郃见蜀军狼狈逃窜，更加毫无顾忌地向前行进，把司马懿的叮嘱全都抛在了脑后。

到了傍晚时分，张郃追击蜀军到木门道口。木门道中漆黑一片，这时，只听得几声箭响，山上火光冲天，大石乱柴不断滚落下来，塞断了前面的山路。张郃大惊，知道中计，急忙后退，谁知后面的道路已经被木石堵住了。在悬崖峭壁间是一段空地，张郃被堵在这里，进退无路。这时，山上万箭齐发，张郃及魏军士兵都被射死在木门道中。等到司马懿大军赶到时，战斗早已结束，蜀兵也都撤走了。司马懿想去追赶蜀军，又怕中诸葛亮的埋伏，只好带兵退回了魏国。诸葛亮则率领军队安全地回到了汉中。

商业案例

洛克菲勒的借款圈套

在商业活动中，设下陷阱，谋取利益，是十分常见的事情。

19世纪初，梅里特兄弟从德国移居到美国，定居在密沙比。住了一段时间，梅里特兄弟无意中发现，密沙比是一个铁矿区，地下蕴藏着丰富的铁矿石。为了开采当地的铁矿石，梅里特兄弟成立了一家铁矿公司。

1873 年，美国爆发经济危机，银根短缺。梅里特兄弟因借不到款而导致公司陷于困境。有一天，一位名叫劳埃德的中年牧师登门拜访兄弟俩，梅里特兄弟恭恭敬敬地把牧师请进屋里，并热情招待他。劳埃德了解到了梅里特兄弟的难处，就对他俩说，他的一位朋友是大财主，看能不能帮助他们借笔款。几天后，劳埃德牧师再次来到梅里特兄弟的公司，说他的朋友答应借款给兄弟俩。梅里特兄弟不知怎么感谢才好，于是双方立下字据："今有梅里特兄弟借到考尔贷款四十二万元整，利息三厘，空口无凭，立字为证。"梅里特兄弟为能借到如此低息的贷款而感到欣喜。

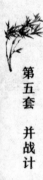

过了半天，劳埃德牧师突然来到梅里特家。一进门就严肃他说："我的那位朋友叫洛克菲勒，他让我马上索回借给你们的钱。"

梅里特兄弟听了一愣，字据上不是写的借到考尔贷款吗？怎么现在又成了借洛克菲勒的钱了？再说了，这笔钱早已投在矿产开发上了，眼下根本拿不出这么多的钱。就这样，他们被逼上了法庭。

在法庭上，原告律师说，借据上写得很清楚，梅里特兄弟借的是考尔的钱。"考尔贷款"英文的意思是贷款人随时可以索回的贷款，所以其利息低于一般贷款。法律规定，借款人或者立即还款，或者宣布破产，两者必居其一。

梅里特兄弟是德国移民，英语不是很精通，以为"考尔贷款"就是向一个叫考尔的人借钱呢。事已至此，两兄弟只好宣布破产，将矿产作价 52 万元卖给了洛克菲勒。几年后，钢铁行业竞争日趋激烈，洛克菲勒以 1941 万元的价格将密沙比铁矿卖给摩根。

洛克菲勒不愧是一代奸雄。他很善于等待时机，在经济危机时放出"鱼饵"，并在"鱼饵"上偷梁换柱，使梅里特兄弟"上屋"后无"梯"可下，只好乖乖地把铁矿让给了他。

无路可走的建筑公司

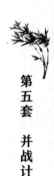

"上屋抽梯"的关键，是引诱对方上钩，等到时机成熟了，适时截断其后路，使其任由我方摆布。

某建筑公司的董事长刘某在助手的陪同下，到一家大理石厂进行考察。这家大理石厂是家乡镇企业，该厂的王经理听说城里来了位大客户，便热情地接待了他们，并带他们参观了工艺和加工部门。经过反复观察、分析，建筑公司的刘董事长认为，尽管该厂生产的大理石还达不到外国的先进水平，但是该大理石厂的原材料质地优良，如果采用先进的技术和方法，是能够生产出他们建筑所需要的大理石的。刘董事长建议该厂购进生产这种大理石的机器设备。王经理听了刘董事长的分析，欣然接受了这个建议，很快购进了生产大理石的机器设备。

不出他们所料，更换后的机器设备加工出来的大理石果然能够替代从意大利进口的大理石，双方都特别高兴。该建筑公司决定，该厂生产的大理石，建筑公司全部购买。这对刚来城里闯天下不到一年的王经理来说，真是喜从天降，该厂没费吹灰之力就有了一个长期的大客户，这对双方都是有利的。

双方决定就有关问题进行谈判。

谈判前夕，建筑公司公关部经理给董事长提出建议，要求谈判时将价格压低一些，这将大大降低公司的建筑成本；而且，经分析，大理石加工厂会是同意的，因为这么大的买主他们到哪里去找呢？在建筑公司看来，该厂的厂长王经理经验不足，又不懂如何做生意，很容易对付，所以己方可以任意提出条件，甚至不用谈判，只由建筑公司单方决定也无妨。

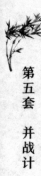

谈判时间到了，在谈判桌上，建筑公司首先提出大理石的价格问题。很显然，价格较低。加工厂王经理说："完全依贵公司的建议。"谈判似乎利于建筑公司，建筑公司董事长心中正暗自高兴，以为谈判已成定局，价格决定了，其他问题似乎都好解决了。

这时，加工厂王经理突然说："价格依你方，但我厂有一个要求不知你们能否同意？"董事长说："有何要求，请提出来。"王经理说："我厂想入股贵公司。"刘董事长听后吃惊地睁大眼睛，他没想到这个农民企业家会提出这样的要求。他说："你们入股我们公司？你们有多少资金？"这种傲慢的态度，确实让人无法忍受，但是王经理并没有动怒，他说："入股贵公司是我们出售大理石的唯一条件，否则，大理石我们一块不卖。"

刘董事长听了很生气，第一次谈判就这样结束了，双方未达成协议。

建筑公司如果不购买该厂的大理石，就要购买进口的高价大理石。

这样，建筑公司被逼得进退维谷，没有退路，只好第二次与大理石加工厂进行谈判。大理石加工厂再次提出入股建筑公司的要求。为了不再进口高价大理石，降低建筑成本，刘董事长别无选择，只好同意了加工厂的条件，双方达成了协议。

此例中，大理石厂王经理首先听从建筑公司的建议，更新了设备，果然生产出建筑公司在国内寻找的可替代进口的大理石，建筑公司决定购买。谈判时，大理石厂首先同意了建筑公司提出的低价格，在建筑公司看来，谈判似乎已成定局，大功告成。可大理石厂突然提出入股市建筑公司的条件。建筑公司好不容易在国内寻找到低价可替代进口的大理石，如果拒绝其条件，就只得再从国外进口高价大理石。这样，大理石厂王经理将建筑公司逼到无路可退的境地，对方也只能答应他的条件了。这则商业案例也是上屋抽梯之计的一次成功运用。

【点评】

"上屋抽梯"是一种诱敌之计，其步骤有四：首先制造某种使敌方觉得有机可乘的局面（置梯与示梯）；其次，引诱敌方做某事或进入某种境地（上屋）；接着是截断其退路，使其陷入绝境（抽梯）；最后一步是逼迫敌方按我方的意志行动，或对敌方施以致命的打击。

刘琦引诱诸葛亮"上屋"，是为了求他指点，"抽梯"，是断其后路，也就是打消诸葛亮的顾虑。此计用在军事上，是指利用小利引诱敌人，然后截断敌人援兵，以便将敌围歼的谋略。这种诱敌之计，自有其高明之处。要充分估计对方的力量，认真分析敌我双方的优势与劣势。

敌人一般不是那么容易上当的，所以，应该先给它安放好"梯子"，也就是故意给敌人以方便，待敌人"上楼"，也就是进入已布好的"口袋"后，即可拆掉梯子，围歼敌人。

如何安放"梯子"，这里有很大学问。为了使敌方进入圈套，我方要设法进行引诱。引诱，即投放诱饵；投饵要准确有效，那就必须知敌性识敌情。诱敌，要知道敌人爱什么，要考虑投什么饵。生性贪婪的敌人，以财货为诱饵；放荡淫逸的敌人，以美色为诱饵；好大喜功的敌人，以我弱易战为诱饵；贪功图名的敌人，以权力为诱饵……总之是投其所好，才能诱其上钩。

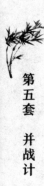

第二十九计　树上开花

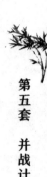

【原文】

借局布势，力小势大①。鸿渐于陆，其羽可用为仪也②。

【注释】

①借局布势，力小势大：意为借助某种局面（或手段）布成有利的阵势，兵力弱小但可使阵势显出强大的样子。

②鸿渐于陆，其羽可用为仪：语出《易经·渐》。渐，卦名，本卦为异卦相叠（艮下巽上），上卦为巽为木，下卦为艮为山。卦象为木植长于山上，不断生长，也喻人培养自己的德性，进而影响他人。渐，即渐进。此卦上九"鸿渐于陆，其羽可为仪，吉利"，是说鸿雁走到山头，它的羽毛可用来编织舞具，这是吉利之兆。

【译文】

借助别人的局面，把我方弱小的力量装点成阵势强大的样子。鸿雁飞到山上，落下来的羽毛可以用作装饰，增加气氛。

【计名讲解】

"树上开花"是由"铁树开花"一词变化而来的。《碧严录》说："体去歇去，铁树开花。"另见于明代王济的《君子堂日询手镜》："俗谚见事难成，曰须铁树开花。"

三十六计中的"树上开花"，意指制造假象，迷惑敌人。树本无花，经过精心伪装，就会看上去有花了。用在军事上，就是通过伪装使自己看起来十分强大。

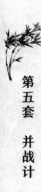

古代的按语说："此树本无花，而树则可以有花。剪彩粘之，不细察者不易觉。使花与树交相辉映，而成玲珑全局也。此盖布精兵于友军之阵，完其势以威敌也。"意思是：此树本来不开花，也可使其开花。把五彩丝剪成花朵粘在树枝上，不细心观察的人就不易察觉其真假。使美丽的花朵与树枝相互映衬，放出异彩，就显得精巧细致了。这是我把主力置于友军的阵地上，形成强大阵势以威慑敌军。此按语的最后一句，强调把自己的军队布置在盟友的阵地上，以造成强大声势而慑服敌人。不过，古今战争史上，能做到这一点的十分罕见。

由上可知，树上开花有三大要点。第一个要点是"布势"。这种布势是对形式的重视。形式通常是为内容服务的，这是一种规律。管仲提出"三权"，就是注重形式为内容服务。第二个要点是"剪粘"。当树上需要用花来点缀的时候，可以人为地剪彩花，然后粘贴在树上。不仔细观察，是很难分辨花的真假的。第三个要点是"威敌"。这里强调的是与联军配合作战。配合慑敌，是此计的主要目的。使用树上开花的计策，一般是形势对自己不太有利的时候，借用其他一切可以借用的力量，虚张声势，有意造成大举进攻的态势，这是以假乱真的疑兵之计。

● 树上开花

当自己的力量薄弱时，可以借别人的势力或某种因素，使自己看起来强大，以此虚张声势，慑服敌人。当己方处于劣势的时候，隐瞒自己的实力，明明乏力却故作很有实力的样子，让敌方摸不清真实情况，以便能出奇致胜。

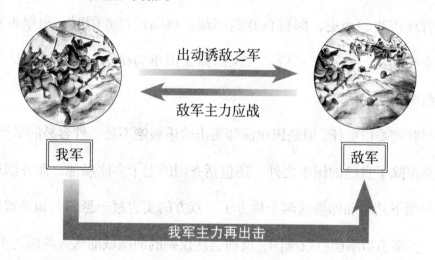

出动诱敌之军

敌军主力应战

我军

敌军

我军主力再出击

实用谋略

田单孤城复齐

己方在处于劣势的时候，隐瞒自己的实力，明明乏力却故作很有实力的样子，让敌方摸不清真相，以便能出奇制胜，颇有置之死地而后生的味道。

战国后期，燕国派大将乐毅率领诸侯联军讨伐齐国，一举攻下齐国七十多座城池。只剩下莒城和即墨两座城池还在抵抗，齐国濒临灭亡的危险。就在这危急存亡的时刻，齐国出现了一名智勇双全的将领。他救齐国于危难之间，不仅挫败了燕国的进攻，还使齐国再次成为七雄之一。这位将军就是田单。

田单是齐国田氏血缘关系较远的宗族。齐湣王的时候，田单担任临淄管理市政的小吏，深得百姓的拥戴。燕国进攻齐国时，田单带领宗族来到即墨。齐湣王死后，大家都拥立田单为将军，希望他在即墨抵御燕国军队。

尽管被委以重任，但是田单深知要击败乐毅绝不是一件容易的事情。因为燕军除了自己的国土之外，还包括齐国的七十多座城池，而齐国现在就只剩下莒城和即墨这两个地方了，双方的实力过于悬殊。如果贸然硬拼，齐军不但不能打败燕国，反而会使仅剩的两座城池落入燕国之手。因此，在时机尚未成熟的情况下，田单决定按兵不动，静观其变。

不久，机会终于来临了，向来宠信乐毅的燕昭王去世了，而新立的燕惠王与乐毅素有间隙。这对齐国来说，实在是一个天大的好消息。田单认为这是除掉乐毅的大好机会，便派人潜入燕国，施用离间计，挑拨燕国君臣之间的关系。不久，乐毅果然被夺了军权。

乐毅去了赵国。燕军的士卒向来拥戴乐毅，因此均感到愤懑不已。这时，燕惠王派去的将军骑劫来到军中，准备整饬军队，进攻即墨城里的齐军。

田单见燕军准备攻城，于是下令城中军民供出食物，以祭祀祖先。

天上的飞鸟望见城里供奉着食物，都飞过来争着吃。燕军看到了，觉得非常奇怪，不知道齐军为什么这么做。

田单又暗下派人，假说城里有天神显灵，要派神师来相助，所以连海鸟都来朝拜，这城是永远攻不破的。燕兵听了，自然也信以为真，就害怕起来，没有谁愿意去和神作对。

田单在即墨城里装神弄鬼，搞得燕军的将士都摸不着头脑，一时竟不敢轻举妄动，暂缓攻城的行动。田单见自己的计谋有了效果，又设法使燕军激怒齐军。齐军将士人人悲愤不已，都请求出城与燕军决一死战。

田单看到齐军士气高涨，觉得时机快要成熟了，于是亲自拿着夹板铲锹与兵士们一起修缮防御工事，把自己的妻妾都编在行伍之中，并将库存的酒食全部拿出来犒劳军士。同时，田单还命装备精良的兵士埋伏起来，让老弱妇孺都到城上去防御。

到了一天夜里，田单把城中一千多头牛集中起来，给它们披上大红色丝帛制成的被服，在上面画上五彩缤纷的蛟龙图样，在犄角之上绑着锋利的刀子，把渍满油脂的芦苇捆绑到牛尾上，然后点燃牛尾巴。牛尾巴一烧着，这一千头牛发了疯似的向燕国的兵营狂冲过去。五千名“敢死队”紧随其后，呐喊着向前冲杀。城上的老弱妇女拼着命地敲击铜器。霎时间，火光四起，声震天地。燕军被一片震天动地的喊杀声从梦中惊醒，跑出大帐一看，只见无数火龙东奔西突，所向披靡，顿时被吓得魂飞天外、转头就逃。燕军将帅一时都慌了手脚，很快就溃不成军。齐军乘机追击，大败燕军，杀死统帅骑劫。田单整顿好队伍，立即展开反攻。各地燕军听说主将阵亡，纷纷退却。那些已投降燕国

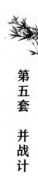

的齐军将士也叛离燕军，准备迎接田单。田单的军队打到哪里，哪里的老百姓就起来响应，军民奋战，势如破竹，一鼓作气收复七十余城池。

田单运用"树上开花"之计，大摆火牛阵，一举打败了燕军，使齐国转危为安。

虚张声势退顽敌

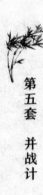

第五套 并战计

唐朝初年，突厥南下突袭长安，李世民以"树上开花"计成功退敌。

公元 626 年十月，突厥的颉利可汗和突利可汗率领十万大军入侵唐朝。此时，唐太宗李世民刚刚即位，他立即派尉迟敬德统兵御敌。突厥兵分两路，一路由突厥可汗率领，从正面进攻；一路则由颉利可汗率领大部分兵马，绕过尉迟敬德的防线，直逼唐朝腹地关中。尉迟敬德把突利可汗阻截在泾阳一带，而另一路由于没有遇到阻击，很快便抵达距唐朝京都长安只有数里远的便桥。

突厥大军抵达长安的消息传来，唐朝众大臣惊慌失措，纷纷请求唐太宗收缩兵力，以加强京都长安的防御力量。在大臣们看来，只要能够死守住长安，使都城免遭浩劫，便算是不幸之中的万幸了。

面对突如其来的变故，唐太宗镇定自若，他对大臣们说："我已经有了退敌的计策，大家不必担心。"众臣听罢，都感到疑惑，不知道唐太宗的"退敌之策"指的是什么。但是大伙见皇帝胸有成竹，心中的恐惧也减少了很多。

突厥方面，颉利可汗率兵来到便桥，见到唐军没有动静，心里疑惑起来。颉利可汗担心唐军迂回包抄，断了他的后路，因此不敢立即攻打长安，只下令全军原地待命。为了探听虚实，颉利可汗先派出了心腹将领执失思力去长安进谒唐太宗。

唐太宗见到执失思力，问他为什么率兵前来，思力道："上国发给的金币，岁无定额，没有一点儿诚意，所以敝国的两位可汗，特地率领百万大军，前来讨一个说法。"

唐太宗听后，生气地说："我与你们的可汗曾面约和亲，所赠送的金帛不计其数，现在你们的可汗自负盟约，引兵入侵大唐，明明是你们做错了，却还敢遣使来见我！我本来想你们居住在戎狄之地，而我又对你们恩赐有加，没想到你们忘恩负义，自夸强盛，我应当先斩杀你，然后与你们可汗交战，看看到底谁能取胜！"

唐太宗义正词严，执失思力担心被杀头，吓得双腿一软，赶紧跪地求饶。这时，朝中的大臣都劝太宗手下留情。太宗沉思一会儿，说："罢了，权且把你的首级寄放在这里，我马上就要督兵亲征，让你看看谁胜谁负，然后再杀了你！"唐太宗又令左右把执失思力拖出大殿，关入监牢，令人"严"加看管。

其实，这正是唐太宗的计策。待突厥使者被关入监狱后，唐太宗暗中悄悄令人设法让执失思力从牢中侥幸逃走了。

执失思力逃走后，唐太宗立即召集禁军，整装待发，随后亲自披甲戴盔，跨上御马，带着高士廉、房玄龄等六骑，出玄武门，径奔渭水便桥而去。

颉利可汗在营中等待执失思力的消息，好长时间也不见执失思力回来，他再也坐不住了，焦躁地在大帐内走来走去。这时，执失思力失魂落魄地跑回来，禀告说唐太宗神武英勇，已经做好迎敌准备。过了一会儿，又有人来报，说唐朝天子来了。颉利可汗大吃一惊，慌忙上马出营，隔水遥观对面的情形。

颉利望见对面人马中，当先一位身着盔甲，正是唐太宗李世民。这时，颉利可汗忽然听到对面李世民大声喝道："颉利可汗，我与你曾立下盟约，你也曾经当着我的面许下盟誓，说以后双方不再相犯。然而你几次违背约定，我正要兴师问罪，你却引兵来犯我朝，莫非是前来送死吗！"说到这里，李世民扬起马鞭，指向空中，说："天日在上，我国并不负可汗，可汗独负我国，负我就是负天，试问可汗果然敢违背天意吗？"

颉利听到这话，心里觉得惭愧。颉利可汗身边的几名侍卫，不禁被唐太宗这番正气凛然的话所折服，一齐下马俯首拜倒。

正在这时，阵阵鼓声传来，只见旌旗蔽天，唐军如天兵天将般降临，摆成了一字长蛇阵，军容强盛，不可抵挡。颉利见状大惊，急忙拔马回营，紧闭大门不敢出来了。

颉利仓皇退回去后，大臣怕唐太宗轻敌进击，连忙劝唐太宗还朝。唐太宗却不为所动，并对大臣们说："现在突厥大军深入我国境内，又为我军的威严所震慑，所以尽管我军力量弱小，但颉利可汗一定以为这是我军的主力，不敢与我们交战。过不了很长时间，他就会主动向我们求和了。"（《新唐书：萧瑀传》）

果然，没过多长时间，突厥使臣渡水而来，向太宗乞和。太宗同意与突厥议和，并约定次日订盟。

第二天，唐朝与突厥歃血立约。其后多年，突厥慑于李世民的声威及唐朝的强大，再也不敢轻举妄动。公元630年，李世民在各方面条件成熟后，一举消灭了东突厥。

张飞怒吼吓退曹操

"树上开花"的关键，是人为地造成强大的表面声势，以便震慑敌人。张飞怒吼吓退曹操，就是借用了树上开花的计谋。

三国时期，刘备一度不敌曹操，退守江陵。在逃亡途中，刘备的妻子甘夫人、幼子阿斗在乱军中走散。刘备麾下的大将赵云不顾性命前去营救，并最终带着阿斗冲出重围。赵云策马飞驰，想尽快与刘备人马会合，然而曹军猛追不舍。赵云一路不敢停歇，到了长坂桥处，已经精疲力竭了。正担心时，他一眼看到蜀军另一员猛将张飞立在桥头。原来刘备担心赵云安危，派张飞前来援助断后。赵云大喜，谢过张飞后携阿斗飞奔而去。

然而，蜀军势单力孤，兵力薄弱，张飞此次来援，只带了二十多个人。张飞自知手下骑兵虽然个个武艺高强，但难敌实力雄厚的曹军。危难之时，他心生妙计，命令所率领的二十几个骑兵在曹军到来之前，到长坂桥附近的树林里砍下粗壮的树枝绑在马后，然后在树林中来回奔走打转。

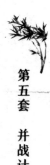

树林中的尘土被树枝搅动，高高飞扬，远看就如同千军万马远道而来扬起的尘土一样。刚刚布置好，曹操手下将领的兵马就到了。

曹军将领见到张飞在战马上横跨长矛怒目而视，已经大吃一惊，又看见不远处的树林中尘土飞扬，害怕是诸葛亮的计策，不敢上前，只好叫人禀报曹操。曹操听说后，急忙上马从阵后到前线指挥，果然看见张飞气势汹汹地挡住去路。他对左右将领说："这张飞在百万大军中可以轻易砍下敌将的头颅，犹如囊中取物一般，还是小心为上。"张飞见曹操亲自前来，想必他已经生疑，心里一急便突然大声喝道："我张飞在此，谁敢上来与我决一死战？"曹操见张飞底气十足，气概非凡，便料定有诈，萌生了退意。张飞见曹军阵脚有所移动，似要后退，便趁势将长矛一挺，又喊道："要战又不战，要退又不退，是什么原因？"这一声吼得地动山摇，实在威猛，竟将曹操身边的一名将领夏侯杰吓得肝破胆裂，应声栽倒在马下。曹操见此，赶紧撤军向西逃走，放弃了对赵云和刘备的追赶。

杨阜"虚张声势"胜马超

巧借他人的力量来壮大自己的声势，使自己看起来强大，借以慑服敌人，这就是"树上开花"之计的典型特征。三国时期杨阜打败马超，用的就是这一计谋。

东汉建安十六年（公元211年），曹操率领大军向西进攻，打算消灭汉中的张鲁。原本依附于曹操的马超、韩遂，趁此机会在潼关发动叛乱。曹操闻讯后，率兵赶赴潼关，大破马超。马超遭受挫败，引兵败退至凉州地区。

凉州刺史韦康见马超大军来到，起初不肯开门投降，在城中坚守了七个多月，但一直没有援兵赶来，遂派人请求停战，打开城门迎接马超。马超进城后派杨昂杀死了韦康等人。

韦康死后，他的谋事杨阜与部属梁宽、赵冲等人被迫归顺马超。杨阜心中有向马超报仇的志向，但是自己力量薄弱，难以对付马超，遂决定前往历城，向驻守历城的妻兄姜叙借兵。杨阜把凉州的情况对姜叙说明，这时，姜叙的母亲也在旁边，她对马超等人的行为十分气愤，于是力劝姜叙听从杨阜的计策。计议确定后，他们又与同乡人姜隐、赵昂、尹奉、姚琼、孔信以及武都人李俊、王灵共同计划谋略，商定了讨伐马超的期约。不久，杨阜又派人联络驻守冀城的梁宽、赵冲等人，以壮大自己的声势。誓约明定后，建安十七年（公元212年）九月，杨阜与姜叙在卤城起兵。马超听说杨阜等人起事，自己率领军队进攻卤城。这时，梁宽、赵冲等人释放关在冀城的杨岳，聚集城中数千军民，乔装成曹操大军，一起征伐马超。马超与杨阜交战数次，没有占到丝毫便宜，这时忽然看到有大批敌军杀来，还以为是曹操的援军杀到，遂马上撤军。这样，马超丢掉了梁州地区，只好率领残余军队前往汉中，投靠了张鲁。

在这则故事中，杨阜在实力虚弱的情况下，采用"树上开花"计谋，巧借姜叙、梁宽等人的力量，虚张声势，使马超不敢硬拼死战，终于取得了胜利。

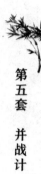

商业案例

白兰地在美国的精彩亮相

"树上开花"计用在商业上，就是要经营者善于制造声势，以提高商品的知名度。

商品本是无情物，然而将商品不动声色地以"情"的名义让人顺理成章地接受，将作为商品的酒与异国元首的诞辰联结起来，构思奇妙，设计精细，实在是一大妙招。

六十多年前的某日，在美国首都华盛顿的主干道上，竖立着一块巨型彩色标牌，上面这样写着：欢迎您，尊贵的法国客人！美法友谊令人心醉！

在整洁的售报亭上悬挂着一长列精致的美、法两国小国旗，国旗在微风中轻轻地飘拂，似乎是在传递着温馨的情意。

在报亭主人特意设计绘制的"今日各报"的广告牌上，最抢眼的画面是"美国鹰"和"法国鸡"一起干杯。最醒目的标题是：总统华诞日，贵宾驾临时。

原来，这一天是美国总统艾森豪威尔的诞辰，而人们要欢迎的法国贵宾，不是政府要员，也不是社会名流，而是两桶白兰地！这是法国公关专家精心策划的一幕公关杰作。

当时，白兰地在法国国内已享盛誉，畅销不衰。如何把白兰地推向世界呢？厂商的目光开始瞄向美国市场。他们知道，如果能打开美国市场，无疑是拿到了一张走向世界的通行证。为此，他们对这次策划极为重视，邀集了几位公关专家认真研讨公关方案。受聘请的专家们通过大量调查，搜集了很多美国酒市场的资料，了解到民众饮酒的习俗，美、法关系的态势，公众对白宫班子的评价，艾森豪威尔总统在新闻界的形象以及在美国年内有影响的节假日和庆典活动等信息。

经过仔细斟酌，专家提出了一项颇具新意的设计，主要内容包括：

一、公关宣传的基点是法、美人民的友谊；

二、整个规划的主题是"礼轻情义重、酒少情意浓"；

三、择定美国总统艾森豪威尔 67 岁寿辰的最佳宣传时机；

四、要求尽可能广泛地利用法、美两国的新闻媒介。传播程序是先法后美，由内向外；

五、赠送的是两桶窟藏长达 67 年的白兰地酒，贺礼由专机送往美国，酒桶特邀法国著名艺术家特别设计制作；

六、总统寿辰日，在白宫的花园里举行隆重的赠送仪式，将由四名英俊的法国青年身穿法兰西传统的宫廷侍卫服装抬着这两桶白兰地正步前行，进入白宫。

准备就绪后，公司首先向美国国务卿呈上一份礼柬，上面写着：尊敬的国务卿阁下，法国人民为了表示对美国总统的敬意，将在艾森威豪威尔总统 67 岁生日那天，赠送两桶窖藏 67 年的法国白兰地酒，请总统阁下接受我们的心意。

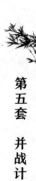

这项公关规划立即得到公司最高决策者的批准，并且得到法国政府的赞赏和大力支持，在外交方面政府为他们亮起了绿灯。

于是，美国公众在总统寿辰一个月之前就分别从不同的传播媒介获得了上述信息。

一时间，法国白兰地即刻成了新闻报道、街谈巷议的热门话题。千百万人都期盼着这两桶名贵白兰地的光临，想一睹那令人激动的场面。

到了这一天，果然呈现出万人空巷的盛况。

当这两桶仪态不凡的美酒登场亮相时，群情沸腾，欢声四起，有些人甚至大声唱起了法国国歌《马赛曲》。

此刻，美国公众似乎已经闻到了芬芳的酒香，品尝到了友谊佳酿的美味。从此，法国白兰地畅行无阻地进入美国市场，一时间，国家宴会、家庭餐桌上少不了白兰地酒。白兰地酒进军美国市场后，其他地方的市场也很快被打开了，白兰地公司收益大幅度增加。

"借题发挥"以赢得商机

"红豆生南国，春来发几枝。愿君多采撷，此物最相思。"

这是唐朝诗人王维写的《相思》中的名句。红豆鲜红浑圆，晶莹如珊瑚，南方人常用以镶嵌饰物。传说古代有一位女子，因丈夫死在边地，哭于树下而死，化为红豆，于是人们又称其为"相思子"。

有这样一家公司，它根据消费者对商标名称的心理作用，巧用"红豆"作为专用商标，在"红豆"上大做文章，借红豆的典故、红豆影片、红豆树之题，把红豆挖掘得淋漓尽致，给人以难以抹去的印象。

如果去这家服装厂参观，不是听服装款式、品牌的介绍，而是听有关"红豆"的典故，观看台湾新片《一颗红豆》，参观红豆树，最后赠送真正的红豆。这种避开推销产品质量、性能，利用"红豆"给人的心理作用，以红豆为题材引导消费，促进销售的做法，是提高国货精品市场竞争力的一种新举措。

中国有着悠久的历史，灿烂的文化，有许多民间的传说、名人轶事、历史典故可供经营者"借题发挥"，而且也会行之有效。

在上海，人们常常看到，精明的经营者纷纷亮出招牌，借用各种题材吸引顾客。南京路上吴良材眼镜店，专设一个一百多年来的各种类型的眼镜柜台，选择眼镜变迁的历史和奇闻轶事题材，介绍给顾客；云南的马路旁开设一家奇特的"水饺馆"，以宣传"饺子文化"为题，备有多种各地民族风味的水饺，结果饺子馆天天爆满；还有以介绍"花语"为题的华山路花苑，以介绍"茶道"为题的八仙桥汪怡茶艺馆；等等，这些都是以特有的方式满足人们对文化消费日渐增强的愿望。

【点评】

"树上开花"之计，原意是指树上本来没有花，但可以借用假花点缀在上面，让人真假难辨。

由于战争现象较之任何别的社会现象更难捉摸，指挥员的主观判

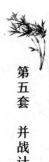

断就很容易为各种假象所迷惑。因此设置假情况，巧布迷魂阵，以此虚张声势，常可以充作实际力量来慑服敌人。

此计用在军事上，就是指当自己的力量薄弱时，可以借别人的势力或某种因素，使自己看起来强大，以此虚张声势，使敌人慑服。

这一计谋也给从事商业活动的人提供了一个重要的谋略，那便是制造声势。"善战者，求之于势"，只有在激烈的市场竞争中大造声势，以适时、准确、广泛、生动的宣传，提高本企业的知名度，增强消费者对企业的信任感和企业产品对消费者的吸引力，以达到抢占市场，扩大销售的目的。此外，借助产品的规格、式样、包装，或借助商店店面装潢装饰，也可以吸引消费者，提高竞争能力。

名家论《三十六计》

可能有些人会说，树上开花，其实就是虚张声势。这和有些动物在遇到危险或劲敌时，就会竖起毛发、张牙舞爪，嘴里还发出恐吓的声音不是一样的吗？

如果从动物的本能来说，这些动物正是在本能地运用树上开花的计谋。你看，这些动物充分利用它身上所有可以用来吓唬对手的东西，毛发呀、爪牙呀、声音呀等，这就是"借力"；它们竖起毛发，张开爪牙，发出吼叫，有的还能改变颜色、释放味道，这一切都做得逼真，而且这些声音、颜色、味道、形象，形成了一个整体，刺激对手的感官，这就是"造势"。

所有这些动作，都传达出一个不容置疑的信号：我是非常强大的，我可不是好惹的，把我惹毛了你的下场会很惨，你还是乖乖认输，或赶紧逃命去吧，这就是"威敌"。

　　所以动物是很懂得运用"树上开花"的。从兵法谋略的运用上看，树上开花的中心含义就是本来没有这么大的力量，却要设法利用所有可以利用的内在和外在因素，造成种种假象和声势，向对手显示出强大的实力和威胁，以使对手屈服或避让。

——任力

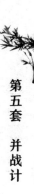

第五套　并战计

第三十计　反客为主

【原文】

乘隙插足，扼其主机[①]，渐之进也[②]。

【注释】

①乘隙插足，扼其主机：找准时机插足进去，掌握它的要害关节之处。

②渐之进也：语出《易经·渐》。本卦《象》辞"渐之进也"，意为渐就是渐进的意思。此计运用此理，是说乘隙插足，扼其主机。

【译文】

乘着有漏洞就赶紧插足进去，扼住它的要害部分，循序渐进地达到自己的目的。

【计名讲解】

"反客为主"是三十六计中的精彩一计，它的原意是：客人却用主人的口气说话。后来泛指在一定场合下，采取主动措施，以声势压倒对手。

"反客为主"最早见于《三国演义》第七十一回：袁绍屯兵河内，缺少粮草，十分忧虑。老友韩馥知道后，主动派人送去粮草，以助袁绍解决供应的问题。但是袁绍觉得等待别人送粮草，不能从根本上解决问题。他听了谋士逢纪的劝告，决定夺取粮仓冀州，而当时的冀州牧正是老友韩馥。袁绍竟不顾旧交情，马上对韩馥下手。他首先给公孙瓒写了一封信，建议与他一起攻打冀州。公孙瓒答应了袁绍的请求。袁绍又暗地派人去见韩馥，说："公孙瓒和袁绍联合攻打冀州，冀州难以自保。袁绍过去不是你的故交好友吗？最近你不是还供给过他粮草吗？你为什么不联合袁绍，来对付公孙瓒呢？主动让袁绍入城，冀州不就能够保存了吗？"韩馥只得邀请袁绍带兵进入冀州。袁绍入城后，表面上尊重韩馥，暗地里却将自己的部下安插到冀州的要害部位，这时，韩馥才明白过来，他这个"主"被"客"取而代之了。为了保全性命，他只得只身逃离了冀州。

古人按语说："为人驱使者为奴，为人尊处者为客，不能立足者为暂客，能立足者为久客，客久而不能主事者为贱客，能主事则可渐握机要，而为主矣。故反客为主之局，第一步须争客位，第二步须乘隙，第三步须插足，第四步须握机，第五乃成为主。为主，则并人之军矣。此渐进之阴谋也。"意思是：为别人所役使的是奴隶，

受人尊敬的是贵宾，还不能站稳脚跟的是临时的宾客，能够站稳脚跟的才是真正的客人，长时间做客却不能参与军机要务的就不被尊重，能够参与其事而又渐渐掌握大权的才能（摇身一变而）成为主人。要想实现反客为主的局面，第一步要先取得客位，第二步要善于乘虚而入，第三步要站稳脚跟，第四步要掌握大权，第五步要摇身一变成为主人。做了主人之后，当然也就全盘地控制他人了。这是稳步依次而进的谋略。

● **反客为主**

在战争中变被动为主动，争取掌握战争主动权的谋略。面对敌人时，要尽量想办法钻空子，插脚进去，控制它的首脑或要害，然后抓住有利时机，兼并或控制它。古人在使用这一计策时，多是针对盟友的，往往是借援助盟军的机会，先站稳脚跟，然后步步为营，取而代之。

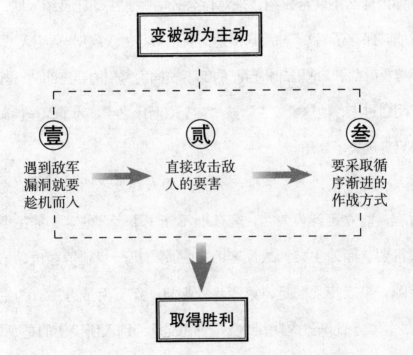

实用谋略

郭子仪单骑退敌群

尽量想办法钻空子，插脚进去，控制它的首脑机关或者要害部位，抓住有利时机，兼并或者控制他人，这便是"反客为主"的计谋。郭子仪到回纥营中退敌的故事，就是反客为主的典型事例。

公元 765 年，回纥、吐蕃受唐朝叛将仆固怀恩的挑拨，出动几十万大军进攻长安。唐代宗急忙下令官军前去抵挡，但是很快便被击退。回纥、吐蕃联军一直打到长安北边的泾阳（今陕西泾阳），使京都受到严重威胁。

长安危急，唐代宗和群臣惊慌失措。这时，宦官鱼朝恩劝代宗逃出长安，而大臣们极力反对。大家都认为，要想打退回纥、吐蕃，只有指望郭子仪。于是代宗急令郭子仪到泾阳御敌。

此时，郭子仪手中只有一万人马，一到泾阳，便被回纥、吐蕃联军四面合围，他一面吩咐将士不许跟敌人交战，加紧构筑防御工事，一面派探子去侦察敌军的情况。

派去侦察的人回来报告，回纥和吐蕃两支大军虽说是联军，但他们内部不团结，谁也不愿听谁的指挥，两股力量捏不到一块儿去。

郭子仪知道情况后，决定采取分化敌人的办法，各个击破。早先，回纥的部族曾经出过兵，配合郭子仪平定安史之乱，其中不少将领跟郭子仪颇有交情。因此，郭子仪打算说服回纥退兵。

当天晚上，郭子仪派手下将领李光瓒悄悄地到了回纥的大营，去见回纥都督药葛罗。李光瓒见到药葛罗后说："郭令公特意派末将前来，向您问一句：回纥本来和唐朝友好，可如今为什么要追随吐蕃，来进攻唐朝呢？"

药葛罗听罢，说："仆固怀恩说郭帅被奸臣陷害，因此我与吐蕃一起来报仇。"李光瓒说："那是谣言，郭令公怎么会被陷害呢？眼下郭令公就在泾阳。"药葛罗说什么也不相信。并说："要是郭令公真的还在，那就请他亲自来见个面。"

李光瓒回到唐营，把药葛罗的话转告给郭子仪。郭子仪深知，只有争取到回纥和唐军联合，才能击败吐蕃，取得最终胜利。于是，郭子仪立即决定，他要亲自到回纥军营走一趟，也许能劝说回纥退兵。将领们都觉得这是个好办法，但又都担心这样做太冒险。还有人提出，派五百个精锐的骑兵跟郭子仪一起去，万一有什么意外，也有人保护。

郭子仪说："带这么多人去，反而会坏事。只要几个人陪我一起去就行了。"说罢，郭子仪便命令兵士给他牵过战马来。

这时郭子仪的儿子郭希上前拦住马说："您老人家现在是国家元帅，怎么能到虎口去冒这个险呢？"

郭子仪说："这一趟我非去不可。现在国家更危险，我以至诚相待，亲自劝说回纥退兵，以使国家转危为安。这样，即便我有什么三长两短，也没有什么可顾惜的。我这次去回纥军营，如果和他们谈判成功，那就是国家的大幸啊！"说完之后，便纵马奔驰而去。

回纥兵士望见远处有几个人骑马过来，连忙去报告药葛罗。回纥将领们大吃一惊，药葛罗怕唐军前来袭营，赶紧命令兵士摆开阵势，弯弓搭箭，准备迎战。

郭子仪见回纥戒备森严，就命令随行兵士摘下头盔，卸掉铁甲，把枪也扔在地上，随后拉紧马缰，缓缓向营门这边走来。

郭子仪在回纥人中有很高的威信，回纥人一向称他为郭令公，以表示对他的尊敬。郭子仪来到回纥营寨，回纥将士一齐向他跪拜。郭子仪跳下马来，将他们一一扶起。当他走到药葛罗跟前时，上前一把握住他的手，亲切地说："你们回纥人曾经帮助过唐朝平定安史之乱，还立过大功，唐朝待你们也不错，今天为什么要毁弃合约，变朋友为仇敌呢？你们帮助仆固怀恩闹叛乱，仆固怀恩背叛唐朝，连爹娘也可以不顾，对你们还能安什么好心吗？他这是在利用你们，借助你们的力量实现他的野心。"

药葛罗低下头，愧疚地说："我们上了仆固怀恩的当，他说皇帝和令公都已经死了，中原没有主人，国内大乱，叫我帮他去收拾残局。原来令公还健在，见到你我才明白。这真是一场大误会啊！"

经过一番交谈，郭子仪猜透了药葛罗的心事，他进一步对药葛罗说："吐蕃人确实不讲理，居然也怂恿你们来打我们，教我们大家互相厮杀，同归于尽，他便顺手共治两国臣民，好一个一箭双雕的毒计，真是岂有此理！你们和他们不是世仇吗？今天必须教训吐蕃一顿才行。"说到这里，郭子仪偷眼看看药葛罗，见他有些动容，就继续说："现在

正可以乘机消灭吐蕃，劫了他们的物资，这不管是对回纥，还是对唐朝，都是一举两得的好事。"

回纥将领听了都很高兴，一致高喊："坚决拥护都督和郭令公！"于是摆酒欢宴，互相敬祝。郭子仪高举酒杯，与药葛罗盟誓。随后，郭子仪又派人送来罗锦，唐朝与回纥和好如初。

郭子仪单骑访回纥，促成两国结盟的消息传开了。吐蕃的将领闻知，大吃一惊，连夜收拾辎重，拔寨向西南方撤走。回纥穷追不舍，郭子仪率大军紧随其后，在灵武台西原大破吐蕃，斩杀吐蕃士卒五万余人，生擒上万人，缴获的牛羊驼马，三百里内接连不断。

面对回纥与吐蕃联军的合围，郭子仪亲身犯险，来到回纥军营，并向回纥将领晓之以理，动之以情，使回纥归向自己一方，这正是对"反客为主"之计的一次成功运用。

李渊称帝建唐

反客为主为"渐进之阴谋"，既是"阴谋"，又必须"渐进"，才能奏效。李渊在夺得天下之前，先尊隋朝宗室为帝，后来还是把其消灭了，这就是用了反客为主的计谋。

隋朝末年，天下大乱，农民起义风起云涌，地方官吏也纷纷起兵反隋。在诸多反隋势力中，李渊起步较晚，却能够在短时间内脱颖而出，一年之内便攻下都城长安。其后，李渊在长安称帝，定国号为唐，从而开启了唐朝 289 年的基业。

李渊是隋朝的太原留守。太原是隋朝的军事重镇，兵源充足，粮饷充盈。李渊有四个儿子，其中二儿子李世民是个有胆识的青年。他看到隋朝统治腐朽，天下英雄纷纷起来反隋，便有心成就一番事业。

有一次，太原北面的突厥进攻马邑，李渊派兵抵抗，接连打了几次败仗。李渊深怕这事被隋炀帝得知后追究责任，急得不知所措。李世民乘此机会，几次劝说李渊起兵反隋。李渊刚开始吓得要命，后来他思量再三，终于决定起兵反隋。

大业十三年（公元 617 年）六月，李渊父子杀死副留守王威、高君雅，在晋阳起兵，顺势攻取西河（今山西汾阳）。随后，李渊自称大将军，带领三万人马离开晋阳，浩浩荡荡向长安进军。李渊一路上不断招募人马，并仿效农民起义军的办法，打开官仓发粮给贫民，应募的百姓越来越多。

三个月后，李渊率领二十万大军攻打长安。守在长安城里的隋军拼死抵抗，但是却无能为力。不久，李渊部将雷永吉用云梯首先登上城墙，长安很快被攻占了。

攻下长安以后，李渊担心成为众矢之的，没有急于称帝。为了争取民心，宣布约法十二条，把隋王朝的苛刻禁令一概废除，打出了尊隋的旗号，架空隋炀帝，把年仅十三岁的杨侑立为皇帝。杨侑名为皇帝，其实不过是李渊"挟天子以令诸侯"的工具。这样做一方面可以避免担上谋反的罪名，另一方面可以打着安定隋室的旗号

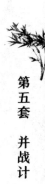

公开招兵买马，扩大势力。同时，李渊对隋朝旧臣大肆封赏，以收买人心。

公元618年四月，隋炀帝在江都被杀。消息传出后，秦王杨浩、越王杨侗相继称皇帝，其他地方势力和起义军也纷纷称王。几个月后，杨侑禅位，李渊登基称帝，国号唐，史称唐高祖。随后，李渊花了八年的时间，终于消灭了各地的割据势力，统一了全国。

李渊在晋阳起兵，攻下长安后，并不急于称帝，而是先立杨氏子孙为帝，待时机成熟后，再"反客为主"，废掉傀儡皇帝，建立了唐朝。

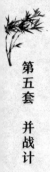

晁盖在梁山反客为主

《水浒传》中有一个"反客为主"的事例，即晁盖利用梁山泊火并而坐上头把交椅的故事。

晁盖等人智取生辰纲后被官府追杀，走投无路之下来到了梁山泊。梁山大头领"白衣秀士"王伦热情款待晁盖一行人。

筵席散后，晁盖心里很高兴，对吴用等六人说："我们犯下这等弥天大罪，现在无处安身。要不是王头领如此错爱，我们就没有容身之处了，此恩不能忘掉啊。"吴用却说："哥哥觉得王伦肯收留我们吗？你刚才没有注意他的神情，所以没看透他的心思。王伦一开始与兄长说话，看起来和你很有交情。后来兄长说明我们被官兵追捕，他脸色就有些变了。虽然他口头上答应收留我们，但实际上是另有打算。假如他有心收留我们，早就当场议定了座位。我看你是空欢喜了一场。"

晁盖听到这里，心里有些失落。这时，吴用又补充说："不过，也不是没有出现转机的可能。林冲原是京师禁军教头，不是一般人，他现在不得已坐了第四把交椅，他对王伦非常不满，只是没有机会发作。明日在他面前说几句话，让他们本寨自相火并，那时我们就可以控制梁山了。"

次日清晨，晁盖等人刚刚睡醒，突然有人来报，说林冲来看望众人。众人连忙迎接林冲，吴用对林冲说：我们不才，承蒙林教头错爱，心里十分感激。早先听说林教头在东京是人人敬仰的豪杰。不知后来是谁推荐教头上山的？"林冲说是柴大官人。吴用拍手说："太好了，我们也是柴大官人推荐的，这下有容身之处了。"林冲却冷笑说："我看没那么简单，王伦心胸狭窄，不会收留你们的。"吴用故意装作惊讶道："王头领待人接物一团和气，如何称得上心胸狭窄？"林冲道："他昨天听见兄长所说众位杀死官兵一事，便有些不自然，这就是他不肯收留你们的意思。"吴用失望地说："既然王头领不想收留我们，那么我们还是改投别处去了。"说完便要作势离去。林冲拦住众人，平静地说："众位豪杰不要离开，山寨不是王伦一个人的，这件事我自有主意。"说完林冲起身别了众人，上山去了。

第二天一早，王伦派人来到晁盖一行人的住处，说山寨头领们请众好汉去山南水寨亭上赴宴。晁盖等人把兵器暗藏在衣服里，前去赴宴。酒过三巡，晁盖几次和王伦提起加入梁山的事，王伦总是故意将

话题岔开。吴用偷偷看林冲，只见林冲侧坐在椅子上，两眼盯着王伦。

酒宴进行到了一半的时候，王伦对晁盖说："承蒙各位豪杰看得起梁山，要到此聚义，只恨山寨养不下许多真龙，因此略备些薄礼万望笑纳，还请各位再投奔大一些的山寨，等各位英雄事业有成，我再到各位的山寨里投奔。"

听了这话，林冲愤怒地说："当初我上山寨时，你也推说粮少房稀。今日晁兄与众豪杰到山寨来，你又说出这样的话，你到底安的是什么心？"

吴用一看有机可乘，立刻说："各位头领要冷静，都是我们来得不是时候，千万不要坏了各位的情分。今日王头领以礼相待送我们下山，还送我们盘缠，又不是把我们赶走。请众位头领息怒，我等这就下山。"

林冲从座位上跳起来，快步来到王伦面前，说："那些笑里藏刀的人，我今日绝不会放过他！"王伦一看事情不妙，就高声喝道："这畜生又喝醉了，还用言语来诋毁我，真是以下犯上呀！"

林冲听后，针锋相对地说："你不过是个落第的腐儒，胸中没有半点儿文墨，怎能坐山寨的头把交椅呢？"吴用跟着说："没想到因为我们前来投靠，反倒坏了各位的情分，我们还是赶快走了吧。"晁盖等七人起身就要下山。林冲把桌子踢翻，从衣襟底下掣出一把刀来。

吴用一使眼色，晁盖、刘唐冲进亭子抓住王伦道："不可伤了和气。"吴用一手扯住林冲，一边对他说："头领不可造次。"阮小二又冲过去摁住杜迁，阮小五同时摁住宋万，阮小七抓住了朱贵，梁山的几个头领同时都被控制住了，小喽啰们都吓得目瞪口呆。林冲一把揪住王伦，冲他骂道："你以为这梁山泊是你这个酸秀才的吗？倘若不杀了你，留你又有什么用处呢？我看你也没有什么胸襟度量，做不了山寨之主！"于是一刀砍下去，便把王伦杀死了。吴用从血泊里拽过王伦的座位，让林冲坐在上面，并向众人说："今天有不服林教头的，王伦就是他的榜样。从今以后林教头就是山寨的大头领。"林冲说："王伦心胸狭隘，嫉贤妒能，我从山寨的长远利益考虑，因此杀了他。晁兄仗义疏财，智勇双全，当今天下人人都知道他的大名，我今日推立他为大头领，各位同不同意？"众人怕走王伦的覆辙，都纷纷点头。这样，晁错反客为主，成为梁山的大头领。

商业案例

借新闻发布会使产品"反客为主"

在信息传播日益发达的今天，如能充分利用新闻媒介进行"公关"传播活动，发布产品信息，提高产品知名度，将会达到"名声在外，客来四方"的效果。这其实是一招典型的"反客为主"。

新闻发布会是信息传播的较高层次的手段，具有庄重、直接、广泛和经济等优点。如果能够选时恰当，往往能起到事半功倍的效果。

某市一家制笔厂研制生产出一种新型的台笔，这种台笔具有造型新颖、功能超群的特点，不仅具有很高的实用价值，还具有装饰和观赏价值。如何将这种新型台笔通过传播媒介传播出去呢？做广告的话，费用太高；而找销售员推销的话，局限性又很大。这成了企业领导面临的难题。

经过再三考虑，企业领导决定采用新闻发布会的形式推销这种新型台笔。经过周密的策划，他们决定把新闻发布会定在十二月举行。为什么要定在十二月呢？决策人有他们的打算。

原来，每年的元旦和春节这两个节日，很多单位要总结这一年的工作，表彰奖励先进工作者和先进生产者；多日不见的亲朋好友，要利用假日走亲访友，亲朋好友要彼此馈赠礼品。这种新型台笔既高雅大方，又经济实惠。如果把它作为馈赠礼品和奖品的话，那是再合适不过了。

在邀请参加新闻发布会的人选方面，除了有众多知名的新闻单位的记者外，他们还邀请了文化单位、商业机构的领导和有关专家。新闻记者是新闻发布会的目标公众；请文化部门、商业单位、工矿企业的领导和专家参加新闻发布会能提高宣传报道的真实性和权威性。

发布会如期举行，多家新闻单位的记者和有关部门的领导、专家出席了发布会。会后，电台、电视台及报纸杂志分别以不同形式进行了报道。结果，这个新产品很快提升了知名度。

关于新产品如何能尽快让消费者接受的问题，我们要跳出老框框，借用各种方式，使不被人知晓的新产品（客）成为人们乐于接受的"礼物"（主），这种方法是反客为主策略在商业活动中的成功运用。

金融界巨头折戟沉沙

英国吉尼斯集团是靠酿酒起家的，随着公司业务的发展，其经营范围已伸向许多行业，其家族成员遍布英国工、商、军、政各界，因此人们称其为"吉尼斯王朝"。

1981年，46岁的桑德斯出任公司董事长兼总经理，仅仅用了五年的时间，吉尼斯集团的资产就比以前扩大了六倍，桑德斯也成为当时英国最出名的企业家之一。然而，这个企业巨子却在事业处于顶峰的时候折戟沉沙了。

1986年，吉尼斯集团在一场兼并战中，为了能够在伦敦股票交易所抬高吉尼斯股票价格而击败竞争对手，竟采取行贿的手段，通过"局内人"挖情报，以27亿英镑兼并了英国最大的威士忌酒制造商——英国造酒公司。其幕后交易涉及欧美一二十家大银行、公司和律师事务所。

行贿的方式，与战争策略中的"反客为主"有些相似，都是乘有漏洞控制对方的统御大权，不过它属于经济犯罪的行为，应当坚决抵制。

桑德斯在这场兼并战中的违法行为败露后，又暗中指使手下人编造假账，销毁罪证。终于自食其果，锒铛入狱。

企业扩大经营就能扩大利润这是常理，也是经营者努力追求的奋斗目标。而那种只为眼前利益铤而走险，不顾法律，干出违法乱纪的事，是不值得提倡的。

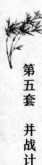

【点评】

反客为主，指的是处于被主导地位的客，夺取主导地位，替代原来的主，并把原来的主放到客的位置上。概括地讲，就是变被动为主动，把主动权慢慢地掌握到自己的手中来。因此，它是一种换位法，或者说是夺位法。

用在军事上，"反客为主"就要把别人的军队拿过来，控制其指挥权。李渊在夺得天下之前，写信恭维李密，后来还是把李密消灭了。刘邦在兵力不能与项羽抗衡的时候，很尊敬项羽，鸿门宴上，以屈求伸，对项羽谦卑到了极点。后来他力量扩大，由弱变强，垓下一战，终于将项羽逼死在乌江。《三国演义》中，法正到了夏侯渊的地盘，巧施计谋，调动夏侯渊来攻，夏侯渊成为客。法正则反客为主，争取了主动权，一举拿下定军山，为蜀军进入汉中铺平了道路。此外，刘备得到荆州、益州，也均是采用了反客为主之计。

名家论《三十六计》

可能有些人感觉反客为主与偷梁换柱好像不容易区别。在这里我们应该看到反客为主与偷梁换柱都是并战计中有代表性的计策，但二者着眼点不同。反客为主强调的是利用时机以"客"的身份进入对方内部，然后逐步控制其要害部门，夺取主导权，达到兼并目的。

偷梁换柱重点在于将对方的精锐或骨干人员调离、替换，以削弱对方的力量，然后控制对方，达到兼并目的。这两个计谋也可以结合起来使用，其效果更好。比如，《水浒传》里晁盖、吴用等人被逼上梁山，本来是"客"，王伦还是首领。但王伦心胸狭窄，嫉贤妒能，容不下晁盖等人，于是在"智多星"吴用的策划下林冲手刃王伦，推举晁盖为新的首领，获得梁山众好汉的拥戴。这就是一个典型的反客为主之计。

反客为主的要义就在于先以客的身份打入对方内部，然后逐渐控制对方的机要和关键部门，进而取而代之，达到完全控制和主宰对方的目的。此外，这一计也有变被动为主动、变不利为有利的含义。

——任力

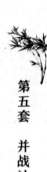

第六套　败战计

第三十一计　美人计

【原文】

兵强者，攻其将；将智者，伐其情①。将弱兵颓，其势自萎。利用御寇，顺相保也②。

【注释】

①兵强者，攻其将；将智者，伐其情：对兵力强大的敌人，就攻击它的将帅；对明智的敌人，就打击它的情绪。

②利用御寇，顺相保也：语出《易经·渐》。本卦九三《象》辞："利用御寇，顺相保也。"意思是利于抵御敌人，顺利地保卫自己。

【译文】

对于兵力强大的敌人，就攻击他的将帅；对于有智慧的将帅，就打击他的意志。将帅斗志松懈，兵士颓废消沉，敌人的气势必然会自行萎缩。利用这些方法来控制敌人，可以顺利地保存自己。

【计名讲解】

美人计，简而言之，就是以美女诱人的计策。

美人计的例子，有史料记载的最早的是《韩非子·内储说下》：春秋前期，晋献公想要讨伐虢国，而虞国是晋国讨伐虢国的必经之地。晋献公想假道虞国，但是又担心虞君不答应。这时，晋大夫荀息向他建议：把屈地出产的良马和垂棘出产的美玉献给虞君，又向虞君献上几个美女，意在迷惑其心智，扰乱其朝政。虞君果然中计，而没有听从大臣宫之奇的劝告，借道给晋国军队。结果，晋国灭掉了虢国，回师的时候又顺便灭掉虞国，并把虞君掳到了晋国。

先秦的兵书《六韬》中也说："养其乱臣以迷之，进美女淫声以惑之。"（《六韬·文伐》）意思是，对于用军事手段难以征服的敌方，要善于使用"糖衣炮弹"，先从思想意志上击败敌方的将帅，使其内部丧失战斗力，然后再趁机进行攻取。

古人按语云："兵强将智，不可以敌，势必事之。事之以土地，以增其势，如六国之事秦，策之最下者也。事之以币帛，以增其富，如宋之事辽、金，策之下者也。惟事之以美人，以佚其志，以弱其体，以增其下之怨。如勾践之事夫差，乃可转败为胜。"意思是：如果

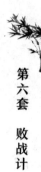

敌军强大，而其将也十分明智，就不要轻易与其作战，这是为形势所迫，必须暂时假装安抚敌人。安抚的方式有很多种：割地求和能使其声势壮大，就像战国时六国贿赂秦国那样，这是最下的策略；此外，用钱币布匹能使其财力与物力增强，就像宋朝向辽、金贡献岁币那样，这也不是高明的策略；只有运用美人计，以腐蚀敌军主帅的意志，并能刺激敌将部属的不满情绪，就像越王勾践对吴王夫差那样，才可以转败为胜，变弱为强。

● **美人计**

对于用军事行动难以征服的对方，要使用"糖衣炮弹"，先从思想意志上打败敌方的将师，使其内部丧失战斗力。

以进献美人的方式消磨敌军将领意志

将士斗志衰退　　　　　　　　　　**士兵士气消沉**

敌军失去战斗力
我军瓦解敌军

范蠡施美人计而灭吴

中国历史上关于"美人计"有名的例子有很多，勾践借西施灭吴的故事当属其中的一个。

公元前496年，吴王夫差为报杀父之仇，领兵攻打越国，大败越王勾践，并把勾践围困在会稽山。勾践走投无路，只得向吴王求和，并以自己为人质，与夫人和大夫范蠡到吴国都城姑苏做了奴隶。

三年后，勾践三人回到越国，并开始实施自己的复仇计划。一方面，勾践任用文种主持国政，采取休养生息政策，努力恢复和发展经济；另一方面，勾践让范蠡训练军队，做好随时讨伐吴国的准备。同时，为了迷惑吴国，越国还搜罗大量金银珠宝，并寻找了一批美女，一起送往吴国。

吴王夫差贪利而好色，他一见到财宝和美女，便欢喜得不得了。尤其是越国进献来的美女，个个长得美丽动人。夫差左拥右抱，对这些美人爱不释手。在进献来的美人中，以西施最为出名。

据载，范蠡出访民间的时候，来到诸暨苎萝山下若耶溪，巧遇正在浣纱的西施，当即为她的"倾国倾城貌"所倾倒，于是两人在若耶溪畔订下白首之约。

后来，范蠡随勾践到吴国为奴，等他回到越国，便开始筹划以美

人计惑乱夫差的心智，使夫差丧失进取之心。这时，范蠡便想忍痛割爱，献出自己的爱人西施，把西施与其他美女一起进献给夫差。最初，西施不愿意去吴国充当美人，范蠡对西施晓以利害，劝西施以国家利益为重。最后，西施被范蠡的爱国热情感动了，挺身而出，同意去吴国。

夫差见到西施后，见她生得国色天香，便立即封她为妃子。从此，夫差沉迷于西施的美色，过着骄奢淫逸的生活。

西施聪明、伶俐，她知道自己来吴国的使命，便用尽浑身解数得到吴王的宠爱。大臣伍子胥认为这是美人计，苦心劝谏。夫差却充耳不闻，并将西施升作贵妃。此后，西施集"三千宠爱于一身"，吴王夫差命人在灵岩山为西施建了馆娃宫，在馆娃宫附近修了玩花池、玩月池、吴王井、琴台，还有采香径、锦帆径和打猎用的长洲苑。

夫差中了越国的"美人计"，越来越贪图享乐，致使国家空虚，人民生活苦不堪言。后来，夫差听信西施及伯嚭的谗言，杀了忠臣伍子胥。这时的吴国，貌似强大，实际上已经"病入膏肓"了。

果然，在公元前473年，勾践趁着吴国内忧外患，以范蠡为大将军，率领越国大军攻入吴国。吴军毫无斗志，屡战屡败。最后，越军攻入吴都姑苏，夫差后悔没有听伍子胥的忠告，羞愧自杀。

王允巧计献美人

罗贯中的《三国演义》中有："司徒妙算托红裙，不用干戈不用兵。三战虎牢徒费力，凯歌却奏凤仪亭。"这句不是《三国演义》的人物说的，而是第八回中后人诗词赞美王允用美人计离间董卓、吕布的。

貂蝉，东汉献帝时期人，原为大司徒王允府中的歌伎，能歌善舞，美丽异常，是中国古代四大美人之一。

自汉献帝迁都长安后，董卓仗着手中的权力及义子吕布的勇猛，为非作歹，做起坏事来更加肆无忌惮。一天，百官在朝堂议事，吕布突然来到董卓身边，耳语数句，董卓点了点头。吕布来到司空张温身边，将张温揪下朝堂。不久，侍从便托着一张红盘进入朝堂，盘中搁的竟是张温的首级！董卓命吕布劝酒，把人头在各人面前一一呈过。董卓说："你等对我孝顺，我不害你们。我是受天保佑的人，害我的人一定会失败。"

对于董卓嚣张跋扈、擅权误国的恶行，司徒王允忧心忡忡，他一心想除之而后快，但又苦无良策，终日茶饭不思。义女貂蝉得知王允的心事后，表示"如有用妾之处，万死不辞"。王允突生一计，于是王允把自己的想法和貂蝉说了，精心设计了个"连环美人计"，先将貂蝉许给董卓义子吕布，未及迎娶又献于太师董卓，挑起董、吕两人的矛盾。貂蝉对王允的意图心领神会，处处设计离间董卓、吕布之间的父子关系，成功地施展了美人计，使董卓、吕布反目成仇，最后更诱使吕布杀死董卓，夷其三族，为汉室铲除了一大祸害，立了大功。

在王允的连环计里，套用了"美人计"和"反间计"。其过程大致可分为以下五个步骤。

第一步：巧施美人计。"董卓、吕布皆好色之徒"——这是王允正确的判断。恰巧又有"色伎俱佳"的貂蝉甘愿配合王允。于是王允

安排了酒宴让貂蝉献酒的一幕。结果吕布中计，为貂蝉的美色所迷倒。王允乘机许诺嫁貂蝉给他，并约定了日期。

第二步：再施美人计。吕布中计后，王允背着吕布进貂蝉给另一"好色之徒"董卓，并立即把貂蝉送给了他。

第三步：接着故意透风给吕布，并用言语挑拨唆使，使董卓蒙在鼓里，让吕布对董卓怀恨在心。

第四步：反间计。如果说前三步是王允设计的，第四步则是完完全全由貂蝉来实施了。"色伎俱佳"的貂蝉"色伎并用"，取得董卓的宠爱后又巧妙地和吕布眉目传情，加深了吕布对她的爱慕和对董卓的仇恨，同时也让董卓记恨上吕布。接着又巧妙地安排了凤仪亭幽会，让董卓和吕布彻底反目。

第五步：火上浇油。当一触即发的火并在李儒的劝解下暂时平静后，董卓迫不及待地把貂蝉转移到他的私人宫殿郿坞。王允适时出现在愤愤不平但又无奈的吕布身边，王司徒唆使吕布杀董卓。万事俱备！

赔了夫人又折兵

使用美人计，要选择好时机，但前提是要得到"美人"的配合，否则，即使己方准备再充分，也可能是空欢喜一场。

荆州地处西川与东吴之间，自古以来便是兵家必争之地。三国时，荆州成为吴、蜀争斗的战场。当初，刘备窘迫时，向东吴"借"荆州以栖身，靠这块地休养生息，积蓄力量。等刘备恢复过来，东吴再三索要荆州。然而，作为自己唯一的立足之地，刘备当然不会轻易放弃荆州，于是以各种理由再三推托。东吴的大都督周瑜十分气恼，便想用计取回荆州。

不久，荆州牧刘琦病死。东吴派鲁肃以吊唁为名，向刘备讨还荆州。孔明让刘备写下借据，说等刘备取了西川便归还荆州。

鲁肃回报周瑜，周瑜大骂刘备言而无信。这时，探子回报刘备夫人甘氏死了，周瑜听后便生一计。

周瑜为孙权设下一计，他让孙权把妹妹许配给刘备，并以此名义把刘备骗到江东。等刘备来到江东后，再扣下刘备，然后以刘备换回荆州。周瑜写好信，让鲁肃送给孙权。

孙权看信后大喜，便让吕范到荆州去提亲。吕范到荆州和刘备说亲事，孔明在屏风后偷听。刘备踌躇不决，不知如何是好，便让吕范先行住下，日后再作答复。

孔明从屏风后转出来向刘备道喜，他劝刘备答应这门婚事，可刘备怕周瑜加害于他，不肯去江东。孔明听后大笑说："周瑜的计策，瞒不过我。我自有办法，既让主公娶得孙权的妹妹，又保荆州万无一失。"于是，孔明让孙乾去江东商议婚事。

建安十四年（公元209年）十月，刘备及赵云、孙乾率领五百士卒乘快船前去南徐迎亲。临行前，孔明交给赵云三个锦囊，告诉他，每个锦囊里都各有一个妙计，让他到危急关头时依次打开，按上面的计策行事，就能解围。

　　赵云保护刘备到了东吴后，按诸葛亮的吩咐拆开第一个锦囊。依孔明之计，赵云命五百军士到市集上采购猪羊果品，并到处宣扬刘备和孙权妹妹结亲的事。之后，刘备和赵云牵羊担酒，去拜见孙策和周瑜的老丈人乔国老，并告知刘备和孙权妹妹结亲的事。

　　乔国老知道后就来向吴国太道喜。吴国太还被蒙在鼓里，不知道是怎么回事。她忙派人打听，才知刘备确实是来与女儿成亲的。

　　国太正在为这事发怒，恰好孙权进来。吴国太见了孙权，气得拍着胸脯大哭起来。孙权得知详情后，告诉吴国太说："没有这事，这只是计谋。"国太更加气愤，大骂孙权、周瑜，当下要在甘露寺与刘备相见，说若不中意，就任孙权他们处置。

　　孙权按母亲的话办理，同时悄悄在甘露寺埋伏下刀斧手，如果母亲看不中刘备，就把刘备扣押下来。

　　刘备来到甘露寺，吴国太看了这位"准女婿"，觉得他器宇轩昂，将来定成大事，因此便答应了这门亲事，还吩咐摆上酒席，要好好招待刘备。

　　但是，孙权心里放不下荆州，依然想扣押刘备。这时，赵云走到刘备身边，在刘备耳旁悄悄说了几句话。刘备连忙跪在吴国太面前，求国太救他。吴国太不知出了什么事，就向刘备询问。刘备禀告国太，说房内有刀斧手埋伏。国太听了大骂孙权，孙权却推说这是贾华的计谋，与自己无关。国太便要斩了贾华，刘备和乔国老都为贾华求情，贾华这才保住了性命。

　　这时，刘备请求乔国老，让他到吴国太面前美言几句，希望能够早日与孙权妹妹成亲。国太一口答应，于是择了一个吉日，让女儿孙尚香与刘备成亲。

孙权见事情弄假成真，心里不由得怪罪周瑜。周瑜又献上一计，让刘备在东吴吃喝玩乐，尽情享受。刘备天天喝酒作乐，时间久了就把荆州忘得一干二净。

赵云见此情状，连忙看过第二个锦囊。看完之后去见刘备说："军师派人来报，说曹操起五十万大军奔荆州杀来，扬言要报赤壁之仇，事情紧急，请主公回去。"刘备说他自有道理，便令赵云先行。

其实，刘备与赵云说的话，都被孙夫人听到了。刘备向孙夫人说了自己的心事，孙夫人就决定随刘备回荆州。二人商定，假借元旦那天到江边祭祖，然后逃走。

元旦那天，在赵云的护卫下，刘备与孙夫人离开南徐往江边出发。孙权因与众官喝酒喝醉了，等他知道消息后，已经到了第二天。于是，他下令派人去追捕刘备。

刘备与孙夫人在赵云保护下，行到柴桑地界。忽见后边有兵将追来，赵云便将第三个锦囊拆开。刘备接过锦囊里的纸条，看完后将周瑜给孙权出主意、用美人计陷害自己的事情告诉了孙夫人。孙夫人听后不禁大怒，恨孙权不念兄妹之情。追兵越来越近，眼看情况紧急，刘备请孙夫人解救。

孙夫人命人卷起车帘，大骂前来捉拿刘备的徐盛、丁奉、陈武、潘璋四将。四人不敢惹怒孙夫人，连连赔罪，不一会儿便退至路边。

不久，徐盛、丁奉急忙飞报周瑜，请求从水路追赶。

刘备一行人马来到刘郎浦，见东吴的水军将至，正慌乱间，忽见江边停了二十余艘商船。刘备与孙夫人上了船后，才知道船中的商人，都是荆州水军，原来是军师诸葛亮亲自来接应刘备。正在这时，只见周瑜领水军追来，诸葛亮令船靠岸，周瑜也追到岸上。突然，关羽率军从陆上杀出，周瑜抵挡不住，急忙上船。诸葛亮让荆州士兵齐声高喊："周郎妙计安天下，赔了夫人又折兵。"周瑜听了，又急又气，却也无可奈何。

　　周瑜本来想借孙尚香消磨刘备的意志，然而，孙尚香嫁与刘备之后，与刘备一心一意，因此周瑜的这招"美人计"没能奏效。由此可见，施行"美人计"，除了要把握好时机，还要选好适合的"美人"，如果美人不与己方合作，那便很有可能前功尽弃，"赔了夫人又折兵"。

商业案例

难忘的"太太"情怀

　　"借"字所含意义极为广泛，它可以是"借"是一种策略，但更是一种高深的智慧，包括"借力""借智"等多个方面。当自身条件不足时，不妨借用一下别人的力量，以最小的成本做成最大的"买卖"，使自己的梦想得以实现。这就是善借外力、出奇制胜的智慧。

在现代商业活动中，美人计已被广泛使用，例如在许多电视、街头广告、商品包装上，都会出现美女的头像或全身像。施用美人计，关键是要迎合消费者的爱美心理或感官刺激，这样才可以取得理想的效果。

1993 年，几位闯深圳的年轻人推出了"太太口服液"。口服液在当时市场上已经有近三百个品种，仅深圳就有五六十种。在众多的商家中，我们想要赢得人们的好感，首要的是营销术。而营销术中，最重要的是广告术。

太太口服液广告语有"三个太太两个黄""三个太太一个虚""三个太太三个喜"。这样，一下就抓住了太太们的心理，激起了她们对"太太口服液"的强烈好奇心。

太太口服液在国贸大厦灯箱上，一改以往国内广告语的宣告式或询问式语言，而以一种轻松、幽默的平常口语甚至双关语，导出了一系列引人注目的话题，如"太太脸上有难，也写在了丈夫脸上"；"拥有'太太'，你可能一夜成富翁"。

他们在灯箱外包上一块黄布，上面写着"里面有一个太太""里面有两个太太""里面有三个太太"，背后写着巨大的"猜"字。这种方式吸引了很多进出大厦的人。他们还在人流如潮的地方，拉出长 180 米、宽 1.2 米的巨大布幅，写着"太太留名"，成千上万人在布幅上写了名字。一连串的广告活动，使"太太"在人们的记忆中更深刻了。

"太太"的决策者们在广告的时间、媒体发布上也有自己的见地。在电视媒体上，他们选择了中央电视台黄金时间。太太公司邀请了著

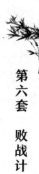

名歌星帮助塑造系列电视广告形象。"挚情长真，永驻我心"的广告词与动人的画面，较强的故事性，加上名人效应，很快赢得了消费者的喜爱，从而扩大了太太口服液的知名度。

此外，太太公司还注重从包装上进行创新，推出"九五新装样式"以满足消费者求新的心理。

就这样，通过各种媒体广告的配合，太太口服液成了家喻户晓的品牌，深深地印入了人们的心中。有的企业在创业时拼命打广告，等到销售情况渐好时就撤广告，而太太口服液不这样，当销售迅速上升时，太太公司照样坚持做广告，从而加深公众对太太公司的印象。时间一长，就形成一种消费气候，在许多家庭，丈夫买"太太"送给妻子，已成为一种时尚。

在这则案例中，太太口服液在做广告的时候，一是通过直观的美女形象赢得消费者的青睐，一是在设计广告词时抓住男性消费者的心理，成功施展"美人计"，所以能在竞争日益激烈的口服液市场中长久不衰。

【点评】

在中国古代，曾有很多关于"美人计"的故事。现代政治与军事斗争也不乏使用美人计的例子。现代美人计多采用间谍的方式来实现目的。

常言说，英雄难过美人关。施展美人计是消灭敌人的有效方式，但运用美人计，也要懂得策略：

第一，要投其所好。美人计中所用的"美人"，只有被接受的时候，才能产生威力，也就是，美人只是外因，必须通过内因才能起作用。所谓内因即对方接受美人后沉迷于酒色不理政务。要使对方的内因起作用，首要的一条就是要投其所好。

第二，要伐情损敌。美人计是用以摧毁敌人心智的武器，是通过"伐情"来损敌的，也就是消磨敌之意志，挫败敌之锐气。

第三，要相机取事。美人计一般是实现最终目的的辅助手段，其主要目标是摧毁敌人的精神壁垒，但达不到彻底歼灭敌人的效果。所以在施用美人计的时候，还要积极创造或寻找其他的方式，以实现彻底消灭敌人的目的。

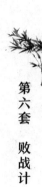

第三十二计　空城计

【原文】

虚者虚之，疑中生疑①；刚柔之际②，奇而复奇。

【注释】

①虚者虚之，疑中生疑：第一个"虚"为形容词，意为空虚的，第二个"虚"为动词，意为使它空虚。全句意为空虚的就让它空虚，使他在疑惑中更疑惑。

②刚柔之际：语出《易经·解》。解，卦名。本卦为异卦相叠（坎下震上）。

【译文】

兵力空虚时，愿意显示防备虚空的样子，就会使人疑心之中再产生疑心。用这种阴弱的方法对付强刚的敌人，这是用奇法中的奇法。

【计名讲解】

空城计亦为三十六计中的著名计策，它指的是在敌众我寡的情况下，己方缺乏兵备而故意表现出不设兵备的样子，给敌方制造错觉，从而惊退敌军的计谋。后来泛指在危急处境下，掩饰空虚，骗过对方的高明策略。

此计出自明代罗贯中的《三国演义》。《三国演义》第九十五回中说："'如魏兵到时，不可擅动，吾自有计。'孔明乃披鹤氅，戴纶巾，手摇羽扇，引二小童携琴一张，于城上敌楼前，凭栏而坐，焚香操琴，高声昂曲。"这讲的就是诸葛亮摆空城计智退司马懿的故事。

古人按语说："虚虚实实，兵无常势。"意思是：用兵必须虚虚实实，而没有固定的方式。之后，古人又举了张守珪和祖珽的例子，其中对于祖珽大摆空城计的例子，古人这样描述："北齐祖珽担任徐州刺史的时候，刚到职就遇上了南陈的大举来犯。当地的百姓大惊，趁机发动了叛乱。祖珽见到这种情况，于是下令不关城门，并让士兵到城中的各个街巷进行防守，并禁止路人通行。这样一来，徐州城陷入一片寂静之中，就连鸡鸣狗吠的声音都听不到了。南陈的探子想刺探军情，但是什么也没有发现，怀疑这是一座空城。就在敌军疑惑不定时，祖珽突然下令士兵高声呐喊，声音震天，南陈军队大吃一惊，（以为城内伏有重兵）就立刻纷纷撤走了。"这是古代巧用空城计的著名战例。

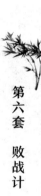

● 空城计

当己方兵力空虚的时候，要故意向敌人暴露己方的空虚，这就是所谓的"虚者虚之"。敌方心存疑虑，就会犹豫不前，这就是所谓的"疑中生疑"。敌人担心城内有埋兵，所以就不会攻击我方。使用此计的关键在于，要清楚地了解并掌握敌方将帅的心理状况和性格特征。

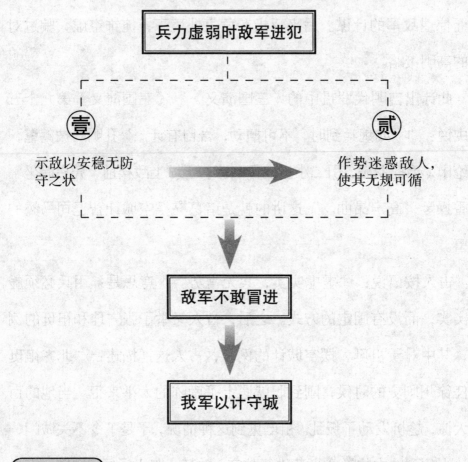

兵力虚弱时敌军进犯

壹　示敌以安稳无防守之状

贰　作势迷惑敌人，使其无规可循

敌军不敢冒进

我军以计守城

实用谋略

楚国与郑国互施"空城计"

在敌盛我虚的时候，一定要掌握对方主帅的性格和心理特征，对其展开心理战，这样才有脱离险境的机会。

公元前 676 年，楚文王因过度操劳，一病不起，不久便离开了人世。其后，楚成王即位，当时他还是个十多岁的孩子，他以叔父子元为令尹，主持政事。素以"桃花夫人"著称的妫夫人，虽然年龄已过三十，但姿色仍不减当年。子元对这位天下绝色的嫂嫂逐渐产生了非分的念头。为了排解妫夫人寡居孤独的苦闷，子元在她的宫室旁边盖了一座豪华的新殿，常命乐伎在这里奏乐，跳万舞，一时热闹非常。

一天，妫夫人问身边的侍女，宫外乐舞之声从何处而来？侍女回答，是从令尹的新殿中传来的。妫夫人听了不禁叹息道："先君以万舞演习备战，征服诸侯，来楚朝贡的人络绎不绝。今楚兵不至中原已十年了，令尹不以为耻，整日沉溺于乐舞之中。"

这些话不知怎么传到子元的耳朵里，子元感慨地说："妇人尚不忘中原，我反而忘了；我不打郑国，非丈夫也！"从此便有了攻打中原的念头。其实，他是打算通过战争的胜利来博取妫夫人的欢心。不久，即公元前 666 年，子元亲自挂帅，发兵车 600 辆，浩浩荡荡杀奔郑国而来。

楚国大军一路连下数座城池，直逼郑国国都。郑文公听说楚兵杀来，急忙召集百官商议。大家都知道郑国国力较弱，都城内更是兵力空虚，无法抵挡楚军的进犯。

郑国危在旦夕，群臣顿时慌乱起来。有的主张拼一死战，有的则主张纳款请和，还有的主张固守待援。上卿大臣叔詹说："依我之见，楚兵不久就会自行退兵了。"郑文公听了不解地说："这次出兵，令尹亲自挂帅，怎么肯轻易退兵。"叔詹说："大臣们的这些主张一时都难解国之危。请和与决战都非上策。固守待援，倒是可取的方案。

我听说郑国和齐国订有盟约。而今郑国有难，齐国会出兵相助。现在固守恐怕是难守住。以前楚国用兵，都没有用六百乘兵车，这次出动如此多的兵力，说明子元势在必得，他想打个胜仗。子元伐郑实际上是想邀功图名讨好妫夫人，他一定急于求成，又特别害怕失败。若楚兵来了，我有一计，可退楚军。"

正在商议，忽有士兵来报告，说楚军已进桔秩关，不久就要到逵市了。叔詹让大家不要怕，他自有破敌之计。于是，叔詹安排甲士埋伏在城内，放下吊桥，大开城门，街市百姓来往如常，没有一丝慌乱之色，摆出完全不设防的样子。

楚军先锋到达郑国都城城下，见此情景，不敢妄动，等待子元。子元赶到城下，也觉得好生奇怪，他心里起了怀疑：莫非城中有了埋伏，诱我中计？他率众将到高地眺望郑城，见城内旌旗整肃，甲士林立，看了一会儿，叹息说："郑国有三位贤臣，其谋不可测！万一失利，有何面目见妫夫人？待探听虚实，方可以攻城。"于是按兵不动。

第二天，有人来报告，听说齐侯同宋、鲁诸侯，亲率大军，前来救郑。子元听了大惊，便对诸位将领说："齐、宋、鲁大军若截我去路，我腹背受敌，必定损兵折将。我们好在也打了几个胜仗，还是赶快撤退为妙。"他害怕撤退时郑国军队会出城追击，于是暗传号令，全军连夜撤走，人衔枚，马裹蹄，不出一点儿声响。所有营寨都不拆走，旌旗照旧飘扬。

到了清晨，叔詹登城瞭望片刻，说楚军已经撤走了。众人见敌营旌旗招展，不信叔詹的话。叔詹分析说："楚军确实撤军了。如果营中有人，怎会有那样多的飞鸟盘旋上下呢？他也用空城计欺骗了我，急忙撤兵了。"

李广阵前摆空城

己方实力空虚，或因遭受意外压力而走投无路时，采用空城计，就可以蒙混过关，或避免遭受更大的损失。

汉景帝是西汉前期的皇帝，他在位时，匈奴大举入侵上郡（今陕西省北部及内蒙古部分地区），飞将军李广任上郡太守，阻止了匈奴南进。

一天，汉景帝派到上郡的宦官带人外出打猎，遭到三个匈奴兵的袭击，结果这名宦官被射伤了。宦官急忙逃回李广营中，李广听罢，猜想这三人一定是匈奴的射雕能手，一定要活捉他们。说完之后，李广率领一百名骑兵前去追击。一直追了几十里，终于追上。李广命令部下左右散开，从两边包抄过去。李广拉开弓，只两箭就射死其中的两个，剩下的一个被活捉了。一审问，果然是匈奴的射雕能手。李广喝令把俘虏绑在马上，然后撤回营地。当李广等人走到一半时，探子回报，说后面有数千匈奴骑兵向李广追来。

匈奴骑兵与李广越来越近，他们见李广手下只有一百多人，为首的匈奴将领以为这是汉朝大军诱敌的前锋，恐怕中了埋伏，不敢贸然攻击，急忙上山摆开阵势，以观察动静。

李广的骑兵见了匈奴骑兵，大吃一惊，想掉转马头逃走。李广沉着冷静，及时稳住队伍。他对手下说，我们只有百余骑，离大营有几十里远。如果现在我们慌张逃跑，匈奴肯定会追杀我们，他们追上来一顿乱箭，我们马上就会被杀光。如果我们按兵不动，敌人肯定会疑心我们有大部队在后面行动，他们绝不敢轻易进攻。如果要来进攻，为什么迟迟不动呢？这正说明他们惧怕，担心有埋伏。李广接着命令部下，千万不要快步跑，要徐徐向前进发。

到了离敌阵仅二里的地方，李广下令："大家都下马，把马鞍也卸下来！"有个骑兵问："敌军人数是我们的数十倍，又离我们这么近，一个冲锋便到我们面前，这太危险了。"李广说："敌人开始以为我们准备撤走，现在看到我们卸下马鞍，他们就更相信我们确是诱敌的骑兵了。"李广的士兵提心吊胆地卸下马鞍，躺在草地上休息，看着战马在一旁悠闲地吃草。

这时，有个骑白马的匈奴将领，出阵来检查他的部下。李广飞身上马，率领十几个骑兵，向那个匈奴将领冲去。李广一箭射死了他，然后又回到队伍中，卸下马鞍继续休息。匈奴部将见此情形，更加恐慌，料定李广胸有成竹，附近定有伏兵。

天色渐渐暗了下来，李广的人马仍无动静。匈奴部将担心遭到汉朝大军的突然袭击，便悄悄撤走了。

第二天天刚亮，李广见敌军已不见影踪，这才率队返回军营。

在这则故事中，李广手下仅仅有一百多名骑兵，当他们陷入匈奴大军的包围圈后，故意装出胸有成竹的样子，匈奴军队便以为李广是汉军的诱饵，因此迟迟不敢进攻。最终，李广安全地回到了营地。这个故事是对空城计的一次成功运用。

死诸葛吓走司马懿

三国时，刘备三顾茅庐，请出了卧龙诸葛亮。此后，诸葛亮尽心竭力，辅佐刘备成就了王霸之业。在刘备白帝城托孤之后，诸葛亮继续辅佐后主刘禅。

为了报答刘备的知遇之恩，诸葛亮希望能在有生之年收复中原，所以几次与曹魏开战，怎奈魏国国富民强，兵多将广，加上对手司马懿深通兵法，又谨慎小心，后来一直坚守不出，诸葛亮六出祁山均未能成功。

诸葛亮身为丞相，又受命托孤，平日事无巨细均要亲自过问，饭量越来越小，身体也每况愈下。司马懿也正是料定了这一点，才有意拒不出战。

事情也真如司马懿所预料的那样，第六次北伐时，诸葛亮因为积劳成疾，在五丈原病倒了，他知道自己将不久于人世，于是将平生所学传给了晚年所收的弟子姜维。

这一天，诸葛亮强支病体，最后一次巡视各营。回到帐中，他召来众人安排后事，将军国大事托付于费祎、蒋琬等人，又交代了其他大小事务，最后吩咐杨仪负责撤退事宜，并对他言："我死之后，不可发丧。你派人制作一个大龛，将我的尸体坐于龛中，在我口中放上七粒米，在脚下点燃一盏明灯。军中不可举哀发丧，一切安静如常。司马懿心中必然惊疑，不敢前来劫营。撤退时可令后军先退，然后一营一营缓缓而退。如果司马懿领兵来追，可布成阵势，回旗返鼓。等他来到阵前时，就将我先前所雕的木像安放在车上，推到两军阵前，令军中大小将士分列左右。司马懿见到后，必然大惊而走。"杨仪领命而去。

建兴十二年八月二十三日，诸葛亮病逝于军中。

因为诸葛亮事先做了安排，杨仪和姜维按照他的嘱咐，秘不发丧，对外则严密封锁这一消息，并传令各营缓缓而退，由魏延断后。

司马懿本来听说诸葛亮已死，亲自带着两个儿子司马师和司马昭一起领兵追击蜀军。蜀军撤退缓慢，眼见要追上了，正在这时，忽然传来一声炮响，从树影中竖起中军大旗，上书"汉丞相武乡侯诸葛亮"几个大字，姜维等数十员上将簇拥着一辆四轮车现身。

司马懿远远看去，却见车上端坐着面色与平时无异的孔明，顿时大惊失色，觉得自己又中了计，心中叫苦不迭。与此同时，杨仪等人率领部分人马大张旗鼓向魏军发起进攻。

魏军见蜀军军容严整，旗鼓大张，又见诸葛亮稳坐车中，面色如常，便不敢轻举妄动。司马懿素知诸葛亮"诡计多端"，一见蜀军这副架势，立刻如惊弓之鸟，怀疑蜀军此次退兵也是早已设下的诱敌之计，也不知蜀军还有什么花招，立刻拨转马头落荒而逃，一见主帅带头撤退，魏军也跟着一路狂奔。

姜维见司马懿退兵，知道机不可失，马上指挥蜀军主力火速撤离，安全转回汉中。

司马懿后来得到消息，才知道他刚一离开，蜀军军营中立刻哀声震天，全营将士尽皆戴孝，诸葛亮是真的已经死了。

不过，他此时再想派兵追击，为时已晚。最后，司马懿最后不得不叹服一声："我能料其生，不能料其死。"

诸葛亮临死前还用空城计吓退了司马懿及魏国大军，使蜀军得以全身而退。

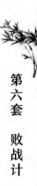

商业案例

无中生有，门庭若市

在商业领域，当己方资金不充足，但又想提高知名度时，可以采用"空城计"。

做广告需要一定的资金，这对大厂商来说也许不成问题，而对小企业、小商店来说是较为困难的。能不能不花钱同样起到做广告的效果呢？

某市有一家饮食店，由于资金不够，开张营业后，没有钱做广告，于是老板就想了一个办法。他让专门端菜到顾客家里去的店员，拿着一个写着自己店名的空箱子，里面装着空碗，四处跑来跑去。附近的人看到店员这么忙碌，总是跑来跑去的，心里就想，这家饮食店什么时候开设的，店员这样忙忙碌碌，生意准不错。这种假装忙碌的宣传方式，结果收到了效果，很多人都到这家饮食店订菜，饮食店的生意越来越好。

与此雷同的，还有个例子。我国某城市有家个体服装店，刚刚开业，没有什么知名度，门前冷冷清清。服装店老板在开店前几乎把资金全部用光，没有钱去做广告。如何让人们知道这家服装店呢？

一天，老板来到附近一家电影院，在电影开演前几分钟，他雇的店员前来找他，只听电影院的广播喇叭喊：某某服装店的王老板，外面有人找。他听到第五遍时，便起身走出影院。连着几天，用同样的方法在附近的几个影院他都试了几遍。随后的日子里，他开的服装店，光顾的人越来越多。尽管这则故事中采用的方法不值得提倡，但大胆的想象还是值得借鉴的。

做广告并非一定要花钱，不花钱的广告同样有效，这就是"空城计"在商业领域中的运用。无论你开的是什么店，刚刚起步的时候一定缺少顾客。如果在开业时就资金短缺，那就不如多动动脑子，在不花钱的前提下提高知名度。饮食店用写有自己店名的空箱子做广告，服装店借助影院的广播做广告，这两个小故事都是绝妙的例子。

【点评】

空城计，是一种被动作战的行为，要挽救危局，还是要凭真正实力。只有到了走投无路的时候才可采用此招，目的就是蒙混过关或避免遭受更大的损失。由于此计具有很大的不确定性和风险性，主动权和机遇掌握在对方手里，因而，非在万不得已的情况下，不宜使用。同时，空城计也不宜重复、多次使用。因此，"三十六计"把它列为"败战计"的一种。空城计的奇巧之处，在于要善于正确、及时地把握对方的战略背景、心理状态、性格特性等，因时、因地、因人地以奇异的谋略解除自己的危机。

在战争中，进攻与防守是经常的事，它是人力物力的较量，更是勇气与智慧的较量。在商业活动中，经营者一个大胆的计划，一种奇异的构思，配以虚张声势的行动，往往能收到意想不到的效果。

名家论《三十六计》

运用空城计必须注意的一个问题，就是用计者必须了解你的对手，对于那些工于心计、足智多谋的人用上这一招成功的概率会大一些，而对鲁莽之人最好别用。说到底，空城计是两个智者心理和谋略的较量，成功的奥妙在于大智若愚，无招胜有招，你做得太直接、太简单了反倒让你的对手看不懂了，起疑心了，不敢动了。若换个有勇无谋的，这套针对智者的唬人把戏立马就被揭穿了。

——任力

第三十三计 反间计

【原文】

疑中之疑①。比之自内，不自失也②。

【注释】

①疑：疑兵、怀疑。

②比之自内，不自失也：见《易经·比》："比，辅也。"意思是有来自对方内部的援助，自己就不会受到损失。

【译文】

在疑局中再布设一层"迷雾"，顺势利用隐蔽在自己内部的敌方间谍去误传假情报，这样就不会因有内奸而遭受损失。

【计名讲解】

反间计是三十六计中著名的计策，它原指使敌人的间谍为我所用，或使敌人获取假情报而有利于我的计策。后来多泛指用计谋离间敌人引起内讧。语出元曲《英雄布》。

在战争中，敌我双方使用间谍是十分常见的事情。《孙子兵法》里就特别强调间谍的作用，认为将帅作战前必须事先了解敌情。要准确掌握敌情，不能依靠鬼神，也不能依靠经验，而是要"必取于人，知敌之情者也"。这里所说的"人"，指的就是间谍。《孙子兵法》里有一篇《用间篇》，专门讲了用间的种类和方法。间谍的种类有五种：利用敌方乡里的普通人作间谍，这是因间；收买敌方官吏作间谍，这是内间；收买或利用敌方派来的间谍为我所用，这叫作反间；故意制造和泄露假情况给敌方间谍，并使其将假情况回馈给敌人，这叫作死间；派人去敌方侦察，再回来报告情况，称为生间。唐代杜牧曾经说："敌有间来窥我，我必先知之，或厚赂诱之，反为我用；或佯为不觉，示以伪情而纵之，则敌人之间，反为我用也。"这就很好地解释了用间的方法。

我可以对敌施反间计，敌也可以对我施反间计。为了谨防后一种情况的出现，我方可以采取以下几个对策：一、封锁信息。凡是重要情报，绝不可随便泄露出去，要对知道情报且有可能接触敌方的人员进行严格审查。二、要选择可靠的间谍。凡我方派出的间谍，不但要具备做间谍的基本素质，更要有坚定的立场。三、情报要仔细推敲。即便我方派出的间谍不被收买，他所获取的情报也未必就是真的。四、多方取证印证。比如，对于同一件事情，可以派出若干间谍，让他们从各个方面获取情报，这样我方便可以用得来的信息相互印证了。

　　古人按语说："间者，使敌人相疑也；反间者，因敌人之疑，而实其疑也。"意思是：间谍的任务之一，就是设法挑唆敌营内部互不信任，使其内部产生矛盾；反间则是利用敌人离间我方的阴谋，再转而对敌使用。

● 反间计

　　在疑阵中再布疑阵，使敌内部自生矛盾，我方就可万无一失。说得更通俗一些，就是巧妙地利用敌人的间谍反过来为我所用，这样自己就不会有损失了。

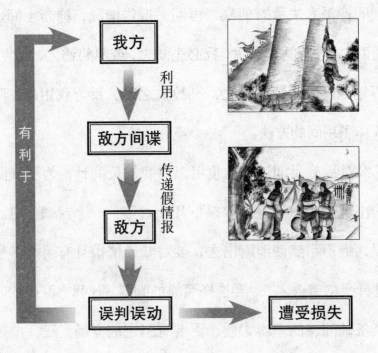

我方 —利用→ 敌方间谍 —传递假情报→ 敌方 → 误判误动 → 遭受损失

有利于

实用谋略

诸葛亮计黜司马懿

三国时期，曹丕之子曹睿即位。顾命大臣司马懿担任骠骑大将军，负责训练监督雍州、凉州等地的兵马。

消息传到蜀国，丞相诸葛亮忧心忡忡。他知道司马懿谋略过人，现在统领雍州、凉州等地兵马，等他训练好军队，必定成为蜀国的大患，所以他决定趁早发兵攻打司马懿。

参军马谡说："现在丞相刚刚平定南中，军马疲乏，只宜存恤，岂可再次远征？我倒有一计，能使司马懿死于曹睿之手。"诸葛亮问是何计，马谡说："司马懿虽是魏国大臣，但曹睿对他素怀疑忌之心，何不暗地派人前往洛阳、邺城等处散布流言，说司马懿想要谋反，使曹睿心疑，杀死此人呢？"

诸葛亮听后，觉得此计甚妙，于是派人前往中原密行反间计。

果然，司马懿准备谋反的消息传到曹魏朝廷，曹睿大惊失色。大臣华歆、王朗等人也都说："太祖皇帝（曹操）早就说过，司马懿有'鹰视狼顾'之相，又深明韬略，善晓兵机，且素有大志，不可付以兵权，久必为国家之祸。今日果然应验，可速诛之，以绝后患。"

曹睿听罢，立即下旨，要御驾亲征，讨伐司马懿。唯有中军大将军曹真认为司马懿没有造反之心，并说："这一定是蜀、吴奸细所行的反间之计，目的是使我君臣失和，他们便可以乘虚而入。"

曹睿听了，犹豫不决。华歆等人奏道："即使如此，也不可以把兵权交给他，恳请皇上罢了他的官职。"曹睿依言，遂将司马懿削职，令其回乡，改命曹休总督雍、凉兵马。

消息传到蜀中，诸葛亮很高兴，说："我早有伐魏之心，奈何有司马懿总督雍、凉兵马。今司马懿既遭贬黜，此乃天赐良机。"遂向后主奏上《出师表》，尽起蜀中之师，开始了北伐战争。

李世民智退突厥兵

故布疑阵，使敌内部自生矛盾，我方就可万无一失。李世民以"反间计"退突厥兵，就很好地体现了这点。

唐朝初年，突厥经常侵扰唐朝边境地区。公元 624 年，突厥倾全部兵力，大举入侵唐朝。突厥的两位首领颉利可汗、突利可汗率军深入到唐朝的豳州地区。豳州临近长安，如果豳州不保，唐朝将面临覆灭的危险。于是，唐高祖李渊急忙派秦王李世民和齐王李元吉带兵前往抵御。

面对来势汹汹的突厥大军，李世民认为，不能与之硬拼，而只能运用智谋使其退军。于是，李世民说服了李元吉，亲自率领一百多名骑兵来到突厥大军的阵前。颉利、突利两位可汗见唐兵只有一百多骑前来，感到非常奇怪。他们担心唐军暗设埋伏，因此不敢轻举妄动。

李世民来到突厥阵前，见到颉利可汗，大声说："我是大唐的秦王，你若有胆量，就与我单独较量！"

然后，李世民又走到突利可汗的身边，对他和善地说："你我曾订立盟约，说若有急事应互相救助。现在你不但不救助，反而引兵来攻，哪里还有香火之情、兄弟之谊？"颉利隐约地听李世民说"订立盟约"、"兄弟之谊"之类的话，疑心突利与李世民之间有密谋，遂引兵后退。突利见状也领兵退去。

此后，接连下了十几天雨。李世民在一天夜里率军偷袭敌人。突厥军队遭到重创，被迫向后撤退。李世民又派人以重金贿赂突利，说明利害，突利有些动摇。颉利主张再战，突利表示不同意。颉利怕突利与李世民之间有什么阴谋，为避免自身遭受祸患，便同意与唐朝订立盟约。突厥旋即退兵。

在此，李世民运用了反间计。他知道颉利、突利二人虽同是突厥的可汗，但分属于不同的部落，相互之间也有猜忌。李世民正是利用了这一点，假装与突利有过秘密交往，使颉利起了疑心。主帅之间不和，这就导致军队没有战斗力了。颉利怕中了李世民和突利之间的圈套，所以才最终退兵。

施巧计韦皋破吐蕃

巧妙地利用敌人，使其间接地为我所用，这需要精心地谋划。

安史之乱后，唐王朝一直处于内忧外患之中：一面要应对藩镇割据的困局，一面要面对吐蕃在边境地区的巨大军事压力。

吐蕃位于唐朝的西面，依仗兵力强大不断东进，在侵占河西走廊后，不时侵扰唐朝边境。为保境安民，唐军与吐蕃军在边境地区进行了约五十年的战争，双方互有胜负。不过，由于唐朝失去了陇右等战略要地，所以唐军在相当长的一段时期内，一直处于被动挨打的不利局面。

公元 778 年，吐蕃兴兵十万，大举进犯唐朝的川西地区。川西守将韦皋誓死抵抗。两军对峙了一段时日，吐蕃王见短时间内难以拿下川西，心里十分焦躁，便写信给云南王，让他出兵相助。

云南王接到吐蕃王的信后，左右为难。此时云南已归附唐王朝，如贸然出兵，出尔反尔，就会得罪唐朝，这将给自己埋下祸患；云南过去一直与吐蕃结盟，而今吐蕃有事不去相助，万一吐蕃兴师问罪，云南立时就有刀兵之患。正在左右为难之际，大臣中有一人出主意说，可效仿战国时期五国攻秦时齐国的办法，先答应派兵，但不出兵只是驻扎观望，等待双方胜负有了结果时再作打算。云南王一听大喜，马上答应吐蕃，即刻向川西发兵。吐蕃王接到回信，得知云南王已经发兵，于是开始向唐军发动更猛烈的攻击。

此时韦皋正在全力对付吐蕃，当得知云南兵正向川西而来的消息后，大吃一惊，忙从川内调兵阻挡。哪知云南兵抵达泸水（今四川雅砻江下游）后，便停下来驻守扎营，并未从唐军的背后发起进攻。韦皋闻报，顿时松了一口气。

韦皋明白，云南兵在驻扎观望，等自己和吐蕃决出胜负后再作打算。

一旦自己失利，那么云南兵从背后杀过来，唐军就会处于腹背受敌的局面。要变被动为主动，眼下就必须争取云南兵倒向自己这一边。然而，要实现这一点，必须设法破坏云南王与吐蕃王的关系。韦皋苦思一夜，终于想出了一个办法。

第二天，韦皋写了一封信。信上说，云南王已决定归附大唐，这是明智之举，此次出兵名义上助吐蕃，但实际上是帮唐军夹击吐蕃，此举甚好。若一举灭了吐蕃，愿把吐蕃的牛羊马群分给云南王。随后韦皋将信用以前给云南王送信用的银匣装好，封上封印，揣在怀中，然后与吐蕃军交战。对阵时，韦皋佯装战败，仓促后退，逃跑时从怀中掉出银信匣。吐蕃战将见有银器落地，忙拍马来抢。韦皋大声命令手下说："那是机密，快去夺回来。"唐军掉回头与吐蕃军争抢银匣。谁知银匣早被吐蕃抢走，韦皋带兵冲向吐蕃大营，试图抢回银匣。等快到吐蕃大营时，韦皋又假装不敌不得已而退兵回营。

吐蕃王打开银匣，看到这封信，十分生气，立即拨出两万人马，扼住云南王的要道，以防云南兵来助韦皋。云南王见吐蕃无缘无故派兵阻击自己，也很恼怒，马上下令班师回朝。韦皋解除了后顾之忧，便集中全力对付吐蕃兵，最终将吐蕃兵打得大败。

韦皋乘胜追击，他率领步骑两万，兵分九路杀入吐蕃境内，先后转战四个月，攻下七座城池，击溃吐蕃、大食联军十六万人。经过这次战役，基本上解除了吐蕃对唐朝西北边境的威胁。

皇太极用反间计除袁崇焕

要想除掉敌军中的关键人物，可以采用挑拨离间的方式，假借敌人之手将其除掉。清皇太极就用了这样的方式，除掉了明朝名将袁崇焕。

明朝末年，建州女真部在首领努尔哈赤的率领下，逐渐统一女真各部，并不断进攻明朝在关外的军事据点。崇祯即位以后，有着很强的忧患意识，他对关外的后金十分警惕，并希望增强蓟辽的防守力量，以遏制后金。在群臣的举荐下，崇祯任命袁崇焕为兵部尚书，令其督师蓟辽。

袁崇焕，祖籍广东东莞，出生于广西梧州。万历四十七年（1619年），赐同进士出身，授福建邵武知县。在邵武任职不久，袁崇焕遵照朝廷的规定，于天启二年（1622年）到北京朝觐，接受朝廷的政绩考核。他利用在京的时机，独自骑马出关，视察边塞，了解形势，为辽事提前做准备。

不久，明军在广宁战事中失利，袁崇焕临危受命，被擢升为兵部职方主事。袁崇焕上任后，向朝廷上呈《擢佥事监军奏方略疏》，力请练兵选将，整械造船，固守山海关。后来，袁崇焕又被调到明朝的关外重镇宁远，负责宁远防务。后金多次进攻宁远，但袁崇焕指挥有方，与将士同心协力，都能力保宁远不失。

袁崇焕凭着自己卓越的军事指挥才能，逐渐得到朝廷官员的赞扬与拥护。天启末年，袁崇焕又被任命为辽东巡抚，领兵部侍郎衔。

　　崇祯早就听说了袁崇焕的大名，所以刚即位就对他委以重任。袁崇焕到辽东赴任时，崇祯帝亲自为其设宴送行，并赏赐他尚方宝剑，"令其便宜行事"。袁崇焕到达辽东后，尽心竭力地整顿蓟辽防务，他配置西洋火炮，加固城墙，筹集粮草，操练军队，做长期固边的准备。此外，他还严明军纪，对违抗军令、懈怠防务的兵将予以严惩。其间，他果断杀掉了据地称雄的总兵毛文龙。接下来，他又改革军政管理办法，与登州、莱州、天津各驻军建立了防御联盟，彼此互为依托。经过袁崇焕等边将的努力，明朝训练出了一支拥有五十余万步兵和八万骑兵的国防军队，这支军队令寇边的后金多次受挫。1132 年，努尔哈赤进攻宁远城，袁崇焕以孤军坚守城池，力挫后金的精锐之师，而后金统帅努尔哈赤也在攻城时身负重伤，这是明朝自与后金交战以来取得的第一次重大胜利。

　　努尔哈赤死后，其子皇太极继位。皇太极知兵善战，他看到袁崇焕在宁远一线布防严密，于是就改变原先的进攻路线，取道蒙古然后穿过喜峰口，一举攻占了京城北地护卫城市遵化，进而挥师南进，直逼北京。崇祯得知后金进攻北京，十分震惊。就在这时，得到消息的袁崇焕火速率军入关驰援。崇祯皇帝闻知袁崇焕率兵前来救援，这才安下心来，当即颁诏嘉奖，又命袁崇焕节制各路援军。

　　袁崇焕率军到达北京以后，明军的实力大增，而后金则处于不利的地位。就在这时，北京城内突然流言四起，有人说正是因为袁崇焕拥兵纵敌，所以才导致后金进犯北京；也有人说袁崇焕暗中与后金媾和，与其订立了"城下之盟"等。生性多疑的崇祯听到这些流言以后，心里非

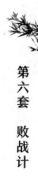

常害怕，他担心袁崇焕迟早有一天会造反，所以便对袁有了提防之心。

皇太极在得知崇祯对袁崇焕生疑的消息之后，便利用崇祯的多疑妄动心理，施展借刀杀人的离间计。这时，皇太极正好扣押了两名明朝的太监，于是他就大声说自己与袁崇焕订下了密约，故意让被俘而关押在金营的明朝太监听到。后来皇太极又故意放松看押，让其中的一个太监逃了出来。那名太监在逃出金营之后，立即回到了北京，把他在金营里所听到的袁崇焕已与金主订下盟约之事告知了崇祯皇帝。

崇祯听到这一情报之后，竟然信以为真，他当即下令捉拿袁崇焕，当众宣布袁崇焕通敌叛国，并命令锦衣卫将袁关入监狱。不久，袁崇焕在北京西市甘石桥被凌迟处死。袁崇焕堪称明朝的擎天柱，然而崇祯帝却不辨真伪将其处死，可谓自毁长城，敌国称快。后来清朝史臣谈论此事，认为崇祯"年少昏聩"，误杀忠良，"自崇焕死，边事更加无人"（《明史》），从此后金的兵锋所至"如入无人之境了"。

第六套 败战计

商业案例

一则招聘广告

商业活动中，经营者为牟取更高的利润，常常通过利诱的方式，套取有价值的情报。

1971 年的一天，法国巴黎的一些报纸登出了一则醒目的招聘广告：本公司将在欧洲开设分公司，拟招聘八名高级化学工程师，报酬优厚，应聘者从速。

这则广告的登出者是一个美国人。登出广告的时间恰恰是法国的一家化工厂即将研制成功一种新型洗涤剂的时候。

法国的许多化工专家为这则诱人的广告所动，纷纷前往报名。经查阅应聘者名单，这位美国人惊喜地发现其中竟有八人参加了法国那家化工厂新型洗涤剂的研制工作。他以应聘者众多，需要一个一个认真面试为由，分别同他们会面。这些化工专家为了博得美国人的赏识，充分显示了自己的才能和知识，并把自己掌握的技术情报和盘托出。经过面试，这位美国人从他们的口中套出了新型洗涤剂的部分配方和制造方法，然后，他再把得来的信息进行分析，轻而易举地获得了新型洗涤剂的配方和生产流程。

面试过后，应试者天天盼望着那位美国人寄来一纸应聘文书，然而他们做梦也没有想到，招聘者早已偷偷地溜回了美国。

不久，这种新型洗涤剂便在美国面世，并打入了国际市场。

巧克力间谍大战

在各行各业，利用"商业间谍"窃取行业秘密，已经成为很寻常的事情。

巧克力糖几乎人人爱吃。据说，法兰西第一帝国的皇帝拿破仑也

很喜欢吃巧克力。每次出征，他总让随从的副官带上大包大包的巧克力，遇到身体疲乏或者用脑过度时，就往嘴里塞上几块。

墨西哥人很早就掌握了制作巧克力的技术。制造巧克力的主要原料来自可可树。这种树在中美洲和墨西哥南部最多。古时，玛雅人把可可树称为生命之树，每诞生一个孩子，他们便要栽种一棵可可树，以此祝福新生婴儿健康成长。他们认为，可可树果象征着人心，用它制成的食品便是血液，能给人补充精力。

1519年，西班牙骑士列戈以周游列国为名来到墨西哥。墨西哥人很好客，见列戈风度翩翩、态度友善，便热情地招待他。列戈提出想参观当地的加工业，好客的墨西哥人破例答应了他的要求，带他参观了巧克力的生产过程。

可是，墨西哥人怎么也不会想到，这个道貌岸然的"贵客"原来是一个产业间谍。他成了西班牙第一个窃取墨西哥巧克力生产技术的人。他在窃取了巧克力的生产技术后，便偷偷地溜回了西班牙。从此，巧克力的生产就在西班牙开始了，并很快成了西班牙新兴的食品工业。许多西班牙人因生产巧克力而发了财，这引起了欧洲其他国家商人们的垂涎，他们纷纷前往西班牙，想在西班牙"取经"。无奈，西班牙人对巧克力生产技术始终守口如瓶。

翻开世界巧克力食品工业的历史，你就会看到，巧克力食品工业的发展史就是一个用间与反间的商战史。

1606年，意大利人用重金买通关节，窃取了西班牙巧克力的生产秘方，一举打破了西班牙对巧克力的生产垄断。英国的生产商急起仿效，于 1763 年偷到生产配方，并大胆加以改进，生产出了奶油巧克力，使英国一跃而成为巧克力生产大国。到了 1800 年，瑞士工业间谍又如法炮制，窃取到巧克力的生产技术，使自己变成了世界闻名的"巧克力王国"。同时，德国的厂商也偷到了巧克力的生产技术，并把巧克力制成糖出售，和瑞士等国展开了竞争。其后，日本也加入了这场巧克力间谍大战之中。

【点评】

清代朱逢甲先生在《间书》中提出著名观点："古名将之遇名将，用间者胜。"用间之要在于用心，以假骗敌，诱敌上当，才是本计的真谛。

这里还要注意区别离间与反间。离间与反间是不同的计策，"三十六计"的解释是：离间是使敌人自相怀疑和猜忌；反间是使敌人的间谍反过来为我所用。所以，周瑜用蒋干是反间，田单害乐毅则是离间，陈平除范增是反间和离间并用。二者相比，反间更为巧妙，更让人拍案叫绝。

不过，作为计谋的离间不属于道德的范畴。如果要作出区别的话，或许可以这样说：作为计谋的离间主要用于对敌斗争；如果把它用在朋友身上，就属于不道德的行为了。所以，要用离间计得看对象，千万不要随便施用，避免人与人之间的相互怀疑和猜忌。

第三十四计 苦肉计

【原文】

人不自害，受害必真；假真真假，间以得行①。童蒙之吉，顺以巽也②。

【注释】

①间：计谋。

②童蒙之吉，顺以巽也：出自《周易·蒙》。童蒙，幼稚的孩子。顺，恭敬顺从。巽，通"逊"，谦逊。本义是正受启蒙教育的孩子对老师是很顺从谦逊的，可引申为只要顺着性情哄玩幼稚孩童，他就会相信你。

【译文】

人们通常不会自我伤害；如果受了伤害，大家就会认为是他人所为。因此，假若我方以假为真，以真为假，就会使敌人信而不疑，这样，我方的计谋就得以实施了。这就像对待天真的孩子一样，只要顺着其性情逗玩，他就会相信你。

【计名讲解】

苦肉计是三十六计中"败战计"里的一计，它指的是故意毁伤身体以骗取敌人的信任，从而施展反间的计谋。

此计出自《三国演义》。说到苦肉计，人们总会想到"周瑜打黄盖，一个愿打，一个愿挨"，这可以算是中国最有名的苦肉计了。但是，在施用苦肉计的时候，往往也要付出很大的代价。要离想刺杀庆忌，为了赢得庆忌的信任，不但让阖闾砍去他的一只胳膊，而且还把自己的老婆也叫来，让阖闾当众把她杀了。这个苦肉计付出的代价不可谓不大。至此，要离得到庆忌的信任。最后，当要离刺中庆忌时，庆忌还没有断气，说要离是个勇士，可见这个苦肉计是相当成功的。"王佐断臂说文龙"的事迹，也是受了"要离断臂刺庆忌"的启示，王佐拿刀砍下自己的一条胳膊，这样才得到金兀术的信任，才可能靠近陆文龙，然后把实情告知文龙，使文龙最后投奔到宋军大营中来。

古人的按语说："苦肉计者，盖假作自间以间人也。凡遣与己有隙者以诱敌人，约为响应，或约为共力者，皆苦肉计之类也。"意思是：运用苦肉计，就是要假装受到迫害以打入敌人内部，再乘机进行间谍活动。凡是派遣与己有矛盾的人去诱骗敌人，不论作为内应，或协同作战，都是属于苦肉计一类的计谋。

● **苦肉计**

└─ 故意伤害自己的肉体以骗取敌方信任的计策。

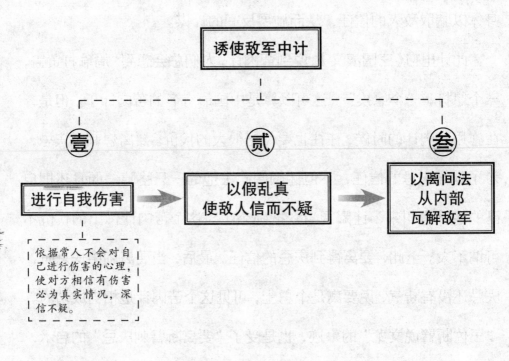

诱使敌军中计

壹　　　　　**贰**　　　　　**叁**

进行自我伤害 → 以假乱真 使敌人信而不疑 → 以离间法 从内部 瓦解敌军

依据常人不会对自己进行伤害的心理，使对方相信有伤害必为真实情况，深信不疑。

实用谋略

周瑜打黄盖

　　要想让敌人放下对自己的戒心，把自己当成朋友那样信赖，不付出点儿代价是不行的。三国时期，周瑜和黄盖之所以要上演苦肉计，就是为了要博取曹操的信任。

赤壁大战前，周瑜与诸葛亮商定了火烧曹军的作战计划。而这个计划要想顺利实施，就需要一个在东吴有一定军事影响力的人以投降为名，引着装满草垛的船队接近曹营。

周瑜想到了老将黄盖。这天，周瑜故意对黄盖说："现在尚无人自愿去曹营诈降，我该怎么办呢？"黄盖一听，马上毛遂自荐："我愿前往。"周瑜说："如果这样的话，只得让老将军受些苦，否则曹操怎能相信你？"黄盖说："我受东吴大恩，无以为报，即使肝脑涂地，亦无怨言。"于是，周瑜与黄盖商定了"苦肉计"。

第二天，周瑜对众将说："曹操有百万大军，看来破曹非一日之功。你们每人先领三个月的粮草，准备长期御敌。"话音刚落，黄盖大声嚷道："不要说三个月，就是三十个月也破不了曹操，依我看，还是依张昭所言，向曹操投降罢了！"周瑜大怒："吴侯有令，再敢说降曹者必斩。今日你说出此话，扰乱军心，定斩不饶。"众将见状不妙，忙跪下苦苦求情。周瑜免了黄盖的死罪，打了黄盖五十军棍。黄盖被打得皮开肉绽，鲜血直流，几次昏死过去。

黄盖回到营帐，一连数日卧床不起。好友阚泽看出了其中的奥秘，愿替黄盖去送降书。曹操看了阚泽送来的降书也有些怀疑。由于阚泽机智应付，没有露丝毫马脚，加上刚得到探子送来的黄盖被打的情报，曹操才信以为真。

到了约定的日子，黄盖率几十艘大船，张满风帆，直驶北岸。接近曹军兵船时，黄盖令士兵们放火。曹军兵船因被铁链锁在一起，无法分散，顷刻间被大火烧成灰烬。

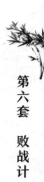

王佐断臂

1128 年，金兵南侵。金国以四太子兀术为统帅率兵南侵。金兵渡过长江，南宋派岳飞领兵抵挡，两军在朱仙镇拉开阵势，准备决战。

兀术有个义子名叫陆文龙，他武艺超群，率先上阵进攻宋军，好几位宋将都败在他手下，如此劲敌让岳飞头疼不已。无奈，岳飞只好挂出免战牌，思谋新计。

岳飞手下有位部将名叫王佐，原是杨幺部下，自从来到岳飞营中，自觉没什么建树。他见岳飞为抗金之事日夜忧心，苦苦思索退敌良策，便想为其分忧解难。

这天晚上，他突然来到岳飞帐中，禀报说他有破敌之策。岳飞大喜，忙问他是什么计策。王佐说："十三年前，金兵攻陷潞州，陆登和夫人双双自尽，兀术感怀一门忠烈，见陆文龙还在襁褓之中，不忍下手杀害，便把他和乳娘带到金国，把他抚养成人。在下愿去金营说服陆文龙来降。"岳飞一听，非常高兴，但转念一想，王佐打入金营实非易事，不禁犯难起来。王佐看出岳飞的意思，便说："这个在下早已有计了。"说罢抽出剑来，便要作势砍自己的右臂。岳飞赶忙来制止，已经来不及了，王佐忍着剧痛，附在岳飞耳边说了一番打入金营的办法。

岳飞听罢感动得热泪盈眶。

随后，王佐来到金营，要求见兀术。金兵带他来见兀术，王佐痛哭流涕，对兀术说："在下好意劝岳飞识时务，不要跟强大的金国对抗，尽快休兵与金讲和，没想到激怒了岳飞，被岳飞骂为卖国贼，并斩下我的右臂，还让我来金营报信：'即日便来生擒兀术，直捣黄龙，踏平金国。'"王佐说罢，声泪俱下，表示愿意归顺金朝，还把血肉模糊的断臂给兀术看。兀术看到后，很同情王佐，安慰他一番，封王佐为"苦人儿"。见王佐已不能出阵打仗，就把他留在军营内，需要了解宋营将士情况时便找他来问。

王佐本是儒将，饱读诗书。金兵们最爱向他打听中原历史故事，再加上对他的遭遇深表同情，所以金兵们都对他很友善。

一日，王佐来到陆文龙的帐前，见一老年妇人身着汉人服饰，在帐外晒衣服。王佐看左右没人注意，便上前搭话，果然是陆文龙乳母。乳母把他请入帐中，询问宋国情形，谈话间不时流露出对宋朝的思念之情。王佐见她情真意切，趁机问她日后有什么打算。妇人见王佐是汉人，也不避讳，表示出南归之意。王佐当下表明了自己的身份，陆文龙的乳母非常高兴，两人便商量着游说陆文龙的办法。

于是，在陆文龙乳娘安排下，王佐常去陆文龙营中给陆文龙讲历史故事。陆文龙当时才十六岁，稚气未脱，非常喜欢听王佐讲故事。这天，王佐带去一幅画，说要为陆文龙讲一个精彩的故事。说着，王佐取出自画的"陆登尽忠报国图"让陆文龙来看，只见上面画着一座官衙大堂，一位金将坐在堂上，堂前躺着一位宋将和一位妇人，皆已身首异

处。旁边站着一位妇人在抹眼泪，怀里还抱着个孩子。王佐给他讲了金兵血洗潞州，逼死陆登夫妇，抢走其幼子陆文龙的故事。陆文龙感到非常奇怪，问："那小孩怎么与我同名？"王佐痛心地说："那小孩就是你。画上的那位抱小孩的妇人，就是你乳娘。"陆文龙半信半疑。这时，乳娘从帐后出来，哭着讲述了当时的经过。陆文龙听罢，又恨又气，恨兀术杀死父母，气自己全然不晓，认贼作父。

从此，陆文龙不断把金兵的动向和军情通报给岳飞。后来，在王佐的安排下，陆文龙和他的乳母乘机投奔岳飞去了。

要离刺杀庆忌

春秋末年，吴国发生了一场动乱。在这场动乱中，吴王僚被刺身亡，幕后主使者是吴王僚的堂兄公子光。公子光登上王位后自称阖闾。

吴王僚有个儿子叫庆忌，力大无比，武艺超群，能走追奔兽，手接飞鸟，有万夫不当之勇，曾独自一人斩杀水中蛟龙，在吴国号称"第一勇士"。庆忌还是一个智勇双全的将领，善于带兵打仗。

阖闾很担心庆忌为父报仇。当时，庆忌正在卫国扩大势力，暗中招兵买马，妄图为其父报仇。如何才能除去这个心腹大患，成了阖闾的一块心病。阖闾整日提心吊胆，要大臣伍子胥替他设法除掉庆忌。

伍子胥向阖闾推荐了一个人，名叫要离。阖闾见要离矮小瘦弱，说："庆忌人高马大，勇力过人，你如何杀得了他呢？"要离说："刺杀庆忌，不能靠气力而要靠智慧。只要我能接近他，事情就好办了。"阖闾说庆忌为人猜疑，一向防范很严，常人难以接近。"要离听了阖闾的话，说："只要大王砍断我的右臂，杀掉我的妻子，这样我就能取信于庆忌。"阖闾不肯答应。

要离对阖闾说："为国亡家，为主残身，是我心甘情愿的。"阖闾还是不忍心，但是后来一想，只要庆忌一日不死，自己就会寝食难安，于是答应了。

不久，吴都忽然流言四起：阖闾弑君篡位，是个无道的昏君。吴王下令追查散布流言的人，知道是要离干的。于是，阖闾下令捉了要离和他的妻子，要离当面大骂昏王，阖闾大怒，挥剑斩断了要离的右臂，逮捕并杀死了他的妻子，当众焚尸扬灰。

这件事很快就在吴国传开了，邻近的国家也都知道了。要离逃到卫国，来到庆忌的军营。为了接近庆忌，要离在军营找了份养马的差事，等待机会。

要离很善于养马，不久就引起了庆忌的注意。庆忌见要离虽然形容瘦小，然而谈吐不凡，觉得他不是个普通人，就问要离："我看你也算是有抱负的有识之士，怎么会愿意屈居此处养马呢？"

要离望了一眼庆忌，恨恨地说："我本是吴国人，因与当今吴王有仇，才逃到这里。我的右臂就是吴王砍断的，我发誓，一定要报此仇。我听说大王在此招兵买马准备攻打吴王，所以特来投奔，可惜大王的将军都嫌我瘦小，不愿收我，我只好去养马了。"庆忌听了后，没说什么便离开了。

几天后，庆忌身边的一个人从外面回来，禀报说果然有这回事，要离曾因在吴王宴会上大骂吴王而被砍了右臂，他的妻儿也都被阖闾杀死了。

要离求见庆忌，要庆忌为他报断臂杀妻之仇，庆忌于是将要离调到身边做近侍，常与他谈论如何治军。渐渐地，两人竟越来越投机，庆忌对要离越来越信任重用，视要离为心腹，委任他训练士兵。

吴王听说了这些，又见要离迟迟不行动，怕要离反悔，于是派人送信给要离。要离叫来人带话给吴王，说他要离是重守承诺的人，从没忘记此行的目的，叫吴王放心，之所以至今没动手，是因为时机未到。

眼见庆忌的军队一天天强大，吴王害怕，不断派人催促要离动手，要离都说时机未到。

这一天，庆忌对要离说："我就要攻打吴国了，你我的仇终于要报了。"要离先是惊愕，随即大喜。

大军驶向吴国，庆忌走水路进军，要离手提短刀站在庆忌的身边。船行驶到江心，忽然刮来一阵强风，战船被风刮得摇晃不定，庆忌随着船体的摇晃也有些坐立不稳，他用宽阔的袖子掩住眼睛。要离一看时机来了，猛地掏出短刀向庆忌的腹部刺去，动作之猛用力之大以致连刀柄都陷入腹中，刀尖穿出后背。庆忌转过身，一把抓住要离，大声说："我以诚待你，视你为知己，你怎么还要杀我？"

要离回答："之前有几次机会我都可杀你，却一直不忍下手，因为我也把你当朋友。然而我毕竟与吴王有约在先，大丈夫不能言而无信，事到如今我也没有办法，我只能遵守承诺。"

庆忌的属下想把要离碎尸万段，庆忌摇着手说："天下竟有如此勇士敢行刺我！能杀我庆忌的，也是天下英雄。你我总算是有交情的，我就成全你，你既已完成任务就回去吧。"

庆忌知道自己必死无疑了，于是命众人放了要离，自己出手抽出刺穿身体的短刀，之后便倒地而亡。

吴王听说庆忌死了，十分高兴，立即派人去接要离，要给他封赏。要离和几个随从返回吴国，途中他突然停了下来，不愿往前走了，随从们问他为什么不往前走。他说："我为了杀庆忌而搭上我的妻子和孩子们的性命，是不仁义的；庆忌对我不薄，可我为了给新君主效命而杀死了他，是不讲义气的；庆忌死了，我即便得到高官厚禄，还有什么脸面活在这个世上呢？我是个不仁不义的人啊！"说完，一剑砍断了自己的双脚，接着就自刎了。

木村自残盗情报

苦肉计，不仅用于战争之中，还广泛地见于社会生活的各个领域。在现代经商活动中，经营者高调地销毁不合格的产品即在施展苦肉计。他们通过这种办法引起消费者的注意，以便给消费者留下"对待产品质量一丝不苟"的良好印象。他们深知，这样做会让他们树立良好的声誉，而良好的声誉又会帮助他们赚取更多的利益。

20世纪60年代初，日本的汽车工业远远落在美国后面。为了振兴汽车工业，日本想了很多办法，都没有起到明显效果。为此，日本一家汽车公司想出了一个办法，从公司的高级职员中选出一批人才送到美国去学习。木村便是这批学员中的一个。

木村在美国的一家汽车公司学习了一年多，但这家汽车公司对他十分"关照"，根本不让他了解关键技术。眼看着就要回国了，还没有学到想要的东西，木村心里十分着急。

这天，木村接到一份电报，打开一看，是公司发来的。电报上说：如果你（木村）拿不到公司需要的东西，就不要再回日本了，本公司也将不再录用你。

这份电报对于木村而言简直是晴空霹雳。这天晚上，木村独自一人到酒店喝酒，由于心情沉闷，不知不觉喝醉了。昏昏沉沉之中，他走到街上，突然想到了自杀。他想，在美国这个地方结束自己的生命，也是一个很有意思的事情，反正不成功便成仁，这也没什么不好。

正当他胡思乱想的时候，一辆高级轿车迎面开了过来。木村借着酒劲儿，一头撞了过去，汽车立刻刹车，可是已经来不及了，车轮从木村的一条腿上压了过去，木村疼得一下子昏了过去。等他醒过来的时候，发现自己躺在医院的病床上。

这时候，有一个美国人走了过来，向他问候。木村看了这位美国人一眼，就再也不理他了。这个美国人告诉他，他是美国一家汽车公司总经理的秘书，是总经理的车撞了他，问他有什么要求。木村没好气地说："没有什么要求，只想快一点儿死在美国！"秘书听了后，连连劝他，请他不要这样自暴自弃，并对他说："您有什么要求，可以尽管向我提出，总经理说了，只要有可能，会尽量满足您的。"

木村这时候想到了"苦肉计"，这不是机会吗？想到这里，他便对秘书说，自己的一条腿已经没有了，到别处怕是连工作也不好找，能不能给他在公司里找个终身的工作，他可以一直干到退休。

过了几天，秘书来告诉他，总经理说可以为他养老，不必来公司工作。木村一听急了，说："我不想让别人养，我可以到公司里干清洁工，如果不同意我的意见，那我只有死路一条！"总经理看到木村态度很坚决，只好同意了他的请求。

从此，木村到公司里当清洁工。他工作十分卖力，常常加班加点，全厂每一个角落都被他打扫得干干净净，一些重要的设备车间他也常常去打扫。

开始的时候，有的人对他还不放心，后来一想，这是他的终身工作，像他这样一个残疾人，离开了公司也是无法生活的。

一年之后，木村提出要回国探亲，公司答应了他的请求并为他买了飞机票。临走时，公司派人秘密检查了他的行李，没有发现任何可疑之处。

可是，让这家汽车公司想不到的是，木村回到日本后，从假腿中取出了微型胶卷。

两年之后，大量的日本汽车开始拥入美国。美国汽车公司的总经

理想不明白，日本汽车怎么发展得这么快呢？直到有一天，当在谈判桌上看到了日本公司的首席代表木村先生时，这位美国汽车公司的总经理这才恍然大悟，可是已经太晚了。

在这则故事中，木村在身体残废后，宁愿到美国汽车公司里做一名清洁工，其目的就是要盗取汽车生产技术。尽管遭遇车祸是一次意外事故，但是木村借着这个机会，委屈自己到汽车生产车间负责清洁工作，这也是运用了一招苦肉计。

【点评】

"周瑜打黄盖——一个愿打，一个愿挨"，这已是尽人皆知的故事了。两人事先商量好了，假戏真做，自家人打自家人，骗过曹操，诈降成功，火烧了曹操八十三万兵马。

苦肉计，不仅用于战争之中，还广泛地见于社会生活的各个领域。在现代经商活动中，经营者利用"苦肉计"，对自己不合格产品集中进行销毁，用以引起广大群众的注意，树立自己企业的良好形象，为下一步赚回更多的钱而埋下伏笔，是非常可取的计策。

就苦肉计的用法而言，使自己遭受皮肉之苦只是最简单的方法，更多的时候，需付出更大的牺牲，甚至性命，才能诱敌中计。其关键在于必须假戏真演，更要演得真切，既要障敌眼目，又要不为己方不知内情的人所识破。反之，倘若不能瞒过众人，很容易被识破，也就只能落得个"赔了夫人又折兵"的结果，连"老本"也要丢了。

第三十五计　连环计

【原文】

将多兵众，不可以敌①，使其自累，以杀其势②。在师中吉，承天宠也③。

【注释】

①敌：抵挡。

②杀：削弱，减杀。

③在师中吉，承天宠也：带军的将帅指挥正确的话，就是大幸大吉，就像得到了神明帮助一样。出自《周易·师》。在师，带领军队。中，不偏不倚。天，天子，有人说应指"神明"。宠，恩宠、支持、帮助。

【译文】

当敌方兵多将广时，不能够硬拼，要想方设法使其互相制约，以减弱其势力。因此，只要将帅指挥恰当，就会像得到神明的相助一样。

【计名讲解】

"连环计"的本意为环环相扣、互相呼应的一组计策。它本是元杂剧中一个剧本的名称，剧本写汉末董卓专权，王允设计，先许嫁美女貂蝉与吕布，后又献给董卓，以离间董、吕二人的关系，致使吕布杀死董卓。后来，连环计用以指一个接一个相互关联的计策，语出《儿女英雄传》："莽撞人低首求筹画，连环计深心作笔谈。"

一般来说，连环计就是叫敌人行动不灵并自相牵制，然后我方再谋攻围歼敌人的策略。前计累敌，后计攻敌，两计结合运用，任何强敌都能被摧毁。

古人按语说："庞统使曹操战舰勾连，而后纵火焚之，使不得脱。则连环计者，其结在使敌自累，而后图之。盖一计累敌，一计攻敌，两计扣用，以摧强势也。如宋毕再遇赏引敌与战，且前且却，至于数四。视日已晚，乃以香料煮黑豆，布地上。复前博战，佯败走。敌乘胜追逐。其马已饥，闻豆香，乃就食，鞭之不前。遇率师反攻，遂大胜。皆连环之计也。"

在上面这段按语中，古人举了庞统和毕再遇的战例，形象地说明连环计是一计累敌，一计攻敌，两计扣用的计策。而此计的关键正在于使敌"自累"，因此，我们要从更高层次上去体会这"使其自累"四个字。

由上可知，连环计有时并不见得要看用计的数量，而要重视用计的效果，"使敌自累"的办法，可以当成是战略上使敌人自己牵制自己，让敌人兵力分散、战线拉长，为我军集中优势兵力，实施各个击破的策略创造有利的条件。这也正是连环计在谋略思想上的集中反映。古人说："大凡用计者，非一计之可孤行，必有数计以襄（辅助）之也。……故善用兵者，行计务实施。运巧必防损，立谋虑中变。"这句话表明，用计重在是否奏效，一计不成，又出多计；在形势变化的时候，要相应再出计策，这样才可以使敌人防不胜防。

● **连环计**

敌人兵力强大的时候，不能与之硬拼，应当想方设法分散他们的力量，不能使之形成一股合力。将帅如果能够正确地运用计谋，就能战胜敌人。

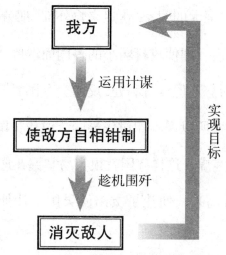

实用谋略

开连环计先河的子贡

外交活动中，一个连环计便有可能改变很多国家的命运。子贡游说诸侯的故事就充分证明了这一点。

春秋末期，齐国大夫田常想在齐国作乱，但是他忌惮高、国、鲍、晏四个家族的势力，所以想调动他们的军队攻打鲁国。此时，正周游列国的孔子听到这一消息，心里很忧虑，因为鲁国是自己的祖国，他不想看到祖国的灭亡。孔子的弟子子贡看出老师的心意，因此主动请缨，说他有办法解救鲁国的危机。孔子思量再三，终于答应让子贡去试一试。

子贡到了齐国，他见到田常，先向田常表示"伐鲁"不是明智之举。田常听后，自然觉得疑惑，便向子贡询问理由。子贡向他解释说："忧患来自国内，那就攻打强大的国家；忧患来自外部，那就攻打弱小的国家。现在您的忧患来自国内，即使攻打弱小的鲁国而取胜，也是理所应当，没有什么特殊功劳，对您不但没有利处，反而会令国君疏远您。这样一来，您在齐国就很危险了。所以说不如讨伐吴国，讨伐吴国不能取胜，百姓死在外面，大臣势力空虚，这样齐国就很容易掌握在您的手中了。"

田常听罢，非常高兴，便让子贡出使吴国，让他说服吴王夫差救助鲁国而讨伐齐国。

子贡来到吴国，见到夫差，说齐国将要讨伐鲁国，这对吴国建立霸业很不利，因此建议夫差率兵援救鲁国。夫差对子贡的建议很感兴趣，但是他也有自己的难处，那就是与吴国临近的越国一直是自己的心头大患，他担心越国会趁机攻打吴国。子贡了解到他的忧虑，便对他说："越国的国力超不过鲁国，吴国的强大超不过齐国，大王舍弃齐国而攻打越国，到时齐国就已经平定鲁国了。况且仁义的人不使别人处于困境，现在大王保全越国向诸侯展示吴国的仁德，救助鲁国讨伐齐国，向晋国施压，诸侯一定争相来到吴国朝见您，这样霸业就会成功。"

为了彻底打消夫差的顾虑，子贡表示愿意去越国说服越王勾践率军追随夫差北伐，到时就不必担心越国趁吴国内部空虚而进行偷袭了。吴王听了很高兴，就派子贡到越国去。

来到越国后，越王亲自打扫道路，到郊外迎接子贡，然后又驾着马车载子贡到达接待外宾的馆舍。子贡见勾践态度恭敬，便向他说明来意，建议勾践派出一支军队随吴国北伐，并说："倘若大王派兵辅佐吴王以迎合他的志向，拿贵重的宝物以讨他的欢心，他一定会去讨伐齐国的。倘若他不能取胜，这正是您的福祉啊。倘若能够取胜，一定会出兵到达晋国。到时我请求向北拜见晋君，让他联合您一起攻打吴国，削弱吴国一定会成功的。"勾践对子贡的建议很赞赏，同意了子贡的请求。

说服越王勾践成功后，子贡返回吴国，见到吴王夫差，说越王已经答应追随吴国出兵伐齐。夫差心里很得意，便决定出师伐齐。

子贡离开了吴国，抄近路来到晋国，对晋君说："我听说，计谋不率先制定好就不能应付突然发生的事情，兵士不率先准备好就不能战胜敌人。现在齐国将要和吴国交战，倘若它不能取胜，越国叛乱是一定的；倘若与齐国交战能取胜，必定会发兵到晋国。"晋君很害怕，说："这该怎么办？"子贡说："铸造兵器，休养军队，伺机消灭吴军。"晋君答应了。

不久，吴国的军队与齐国军队在艾陵展开一场大战，齐军大败，吴军活捉了齐军的七员大将，并一鼓作气攻到了晋国。

吴、晋两国军队在黄池相遇了，吴王因打了胜仗并不把晋军放在眼里，而晋君听从了子贡的劝告，早已做好了战斗的准备，两军一阵厮杀，晋军越战越勇，吴军吃了败仗。

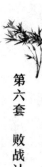

越王听到吴军被打败的消息，马上带领部队渡江进攻吴国。

夫差听到勾践偷袭吴国的消息，急忙率领残部返回吴国。在五湖正遇上进犯的越军，接连交战三次，吴军都失败了。几年后，吴国为越国所灭。越国也因此成为春秋末期的霸主。

子贡一次出使，本意在保全鲁国，却由此引起一串连锁反应：鲁国平安无事，齐国却遭战乱之苦，吴国灭亡，晋国日益强大，越国成为霸主。子贡所施的连环计，在十年之内使五个国家的命运发生了大的转变。

张仪对楚国施连环计

连环计的一大好处，就是能够使敌人始终处在我方的掌控之中。张仪对楚国施用连环计，便是一个很好的例子。

张仪做了秦国的相国后，为了破坏六国的合纵联盟，施用一连串的外交手段，导致了六国之间相互争斗，使合纵同盟最终瓦解。

战国中后期，齐国成为东方的强国，它先后打败了赵国和魏国，并与楚国结成联盟，两国曾联合打败过秦国，夺得了曲沃这块地方。因此，齐楚联盟成了秦国的心腹之患。

《屈原列传》记载，屈原被免官后，秦国想进攻齐国，齐国便与楚国联合抗秦。秦惠王想拆散齐楚联盟，便问张仪有什么对策，张仪说："齐、楚之所以结成联盟，是因为它们之间有利害关系，臣愿凭三寸不烂之舌，亲自到楚国走一趟，必能使楚国和齐国绝交。于是秦惠王便派张仪到楚国去。

楚国有个嬖臣名叫靳尚，楚怀王对他言听计从。张仪到了楚国后，先重金贿赂靳尚，通过他的引见，张仪见到了楚怀王。

楚怀王一向惧怕秦国，没想到秦王会主动派使者前来修好，因此感到惊讶。楚怀王向来仰慕张仪的才能，很高兴地接待了他。见到楚怀王，张仪直截了当地说："臣此次是奉秦王之命，想与贵国缔结联盟，大家罢兵息争，和平共处！"楚王说："秦国屡次侵犯我国，这怎么能结盟呢？"

张仪说："秦王早就想和楚国联合，这次派我前来，就是要和贵国修好。但是很可惜，我还是来迟了。"

楚怀王不禁一愣，不知张仪所说的是什么意思。张仪道："大王不是已经和齐王结成同盟了吗？很明显，齐楚联盟是用来对付秦国的。"

楚王沉吟半晌，说："楚国和齐国结成同盟，是为了防范被人攻打而已。"

张仪说："齐王一向野心勃勃，总想与秦王一争高下。他与楚国结盟，无非是想利用楚国而已。你想，一旦秦、楚两国交战，齐国会不惜损兵折将前来救援吗？齐王巴不得秦、楚两败俱伤，到那时楚国的处境会怎样呢？"张仪见楚怀王面有难色，继续说："秦王早就有了与楚国和好的打算，不过他最不满意的就是齐王，贵国又与齐国结盟，所以不便和大王结交。如果楚国真能同齐国断绝外交关系，秦国愿意给大王献上商於一带六百里的土地。这样一来，齐国没有大王的支持，马上就会衰弱下来，楚国既可以和秦国结交，暗中又得了商於的土地。为大王的利益着想，正是一举三得，又何乐而不为呢？"

楚怀王一心想得到商於一带的土地，就相信了张仪，不但把楚国

相印交给张仪，还派人立即去齐国，断绝与楚国的联盟关系。之后，楚怀王又派逢丑父跟张仪入秦地。

一路上，张仪和逢丑父饮酒谈心，亲如弟兄。到了咸阳后，张仪假装喝醉，从车上跌落下来，左右慌忙扶他去就医。张仪嘱咐逢丑父暂时住在馆驿，待自己伤好了再去朝见秦王。

张仪回家躲了起来，闭门谢客。过了一段时间，逢丑父求见他，但是张仪说自己的腿还没有好，不能带他去见秦王。就这样等了一天又一天，三个月过去了，一点儿消息也没有。

楚怀王听到消息，以为秦王嫌楚与齐断绝关系不够坚决，便挑选了一位强悍的勇士，手持楚国符节，匆匆赶赴齐国去辱骂齐王。齐王见楚怀王背信弃义，而且派人骂上门来，不禁大怒，因此一面与楚国绝交，一面派人入秦，希望联合秦国攻打楚国。

张仪得知齐国使者到了咸阳，知道目的已经达到，便开始出门活动。张仪在宫门外遇上逢丑父，故作惊讶地问他怎么还没回去。逢丑父说还没有得到秦国的土地，无法回楚国交差。

张仪说："这件事我自己就可以做主，不必求见秦王，现在就答应把我的封地六里献给楚王。"

逢丑父闻之愕然，据理力争道："我奉楚王之命，来接收商於六百里地方，怎么现在变成奉邑六里了呢？"张仪说："楚王一定听错了，我说的是六里不是六百里。"

逢丑父知道中了张仪的计，只得匆匆赶回楚国去报告楚王。楚怀王怒不可遏，非要向秦国报复，于是下令攻打秦国，结果在丹阳遭到齐、秦联军的伏击，损失八万大军。秦国还趁机夺取了丹阳、汉中等地。

这样，凭着三寸不烂之舌，张仪运用连环计，成功瓦解了齐、楚联盟，并且使两国互相残杀。齐、楚反目成仇，楚国元气大伤，更助长了秦国征服天下的勃勃雄心。

侯嬴施连环计退秦军

"连环计"本是环环相扣、互相呼应的一组计策。施用连环计，要注意前后所施的这些计策一定要有关联，否则就难以实现目标。

公元前 258 年，秦国在长平大败赵军后，接着进兵围攻邯郸。赵惠文王急忙向魏国请求增援。魏王派将军晋鄙率领十万大军去解救赵国。秦王得到消息后，立即派使者去魏国，恐吓魏王说，如果魏国敢援救赵国，秦国就发兵攻打魏国。

魏王慑于秦国的威胁，马上派人去阻止晋鄙，把军队驻扎在邺地，名义上是救赵，其实是左右摇摆，从旁观望。魏公子无忌多次请求魏王营救赵国，并让自己的宾客和能言善辩之士不停地劝说魏王。魏王畏惧秦国，终究不听无忌的话。无忌于是请求宾客凑够车马一百辆，打算率领宾客一起去迎击秦军，和赵国共存亡。

无忌一行路过夷门时，他的宾客侯嬴站在那里，无忌告诉他打算以死抵抗秦军的情况。侯嬴说："公子好好努力吧，老臣不能跟随您了。"无忌听着心里不痛快，觉得侯嬴太不顾情义。后来走在半道上，无忌心里想："我用来对待侯嬴的礼数已经很周到了，天下没有人不知道，现在我将要死去，而侯嬴没有一言半语送给我，我难道有什么过失吗？"又调车回去，询问侯嬴。

侯嬴见无忌返回来，便笑着说："我本来就知道公子要回来的。"又说："公子喜欢士，这天下人人皆知。现在遇上大难，而您准备和秦军拼命，这就好比把肉扔给饥饿的老虎，又能有什么功效呢？那还养这些宾客有什么用呢？然而公子对待我很是优厚，公子前去而我没有送行。这是因为我知道您怨恨我，又会返回的。"

无忌这才知道侯嬴并非不顾情义，而是使出了一招"欲擒故纵"之计，于是赶紧向他请教对策。侯嬴避开旁人，悄悄地向无忌建议，可以借助魏王宠妃如姬偷出指挥军队的虎符，然后夺了晋鄙的兵权，到时就可以援救魏国了。无忌听从侯嬴的计谋，请如姬帮忙。无忌曾对如姬有恩，如姬爽快地答应了，果然偷到晋鄙的兵符交给无忌。

无忌拿到兵符后，侯嬴又说："公子即便合了兵符，但晋鄙倘若不交给公子兵权，那么事情就会很危险了。我的朋友朱亥是个大力士，可以和您一起去。晋鄙要是听从您，那最好不过；要是不听的话，可以让朱亥杀了他。"

到达邺地的魏军军营后，无忌假托魏王的命令代替晋鄙。晋鄙心里有所怀疑，打算不听命令。朱亥便从袖子中投掷出四十斤重的铁锥，击杀了晋鄙。无忌就统率晋鄙的军队，整饬兵士，从中选出八万士兵，进兵攻打秦军。秦军见魏国大军杀来，不敢交战，于是撤走了。这样，邯郸之围解除了，赵国也得以保全。

侯嬴先用欲擒故纵计打消无忌率宾客抗秦的念头，继而巧借如姬的力量偷出兵符，继而以朱亥杀死晋鄙，使无忌取代晋鄙指挥魏军，终于击退了秦军，解除了邯郸的困境。

刘锜奇计败兀术

1140年，刘锜被任命为东京（今河南开封）副留守，他率军三万前往东京，以伺机牵制金兵，防止金兵南下。

当大军行进到顺昌（今安徽阜阳）时，刘锜得到消息，说东京已被金兵占领，而且金兵正向南进发。刘锜听罢，决定在顺昌固守，以抵御南下的金兵。

为了能有效地牵制金兵，刘锜下令，日夜赶制防御器械，加固城墙，并在城墙上增修躲避箭矢的工事。

工事修好后，金兵便气势汹汹地扑了过来。刘锜让属下大开城门，以迷惑金兵。果然，敌兵担心中了宋军的埋伏，只是远远放箭，不敢冲杀过来。宋兵的避箭工事此时派上了用场，兵士都伏在城墙内侧，从洞口射箭，金兵伤亡惨重。

金兵本想一鼓作气夺下顺昌，却遭到宋军的顽强阻击。双方僵持一阵，金兵始终无法攻克顺昌，只得向后撤退，寻机再作打算。刘锜见金兵撤走，趁势率部冲杀出去，打得金兵狼狈逃窜。

金兵退守至离顺昌城二十里远的地方，扎下营寨，试图重新组织攻城。刘锜出其不意，趁金兵还没准备好，命令部将阎充率领五百名勇士，偷偷摸进了金兵大营。金兵见到宋军，大吃一惊，以为宋军从天而降，更加溃不成军。金兵只得再后退三十里扎营。第二夜，刘锜从军中挑出百余人，每人都身穿黑衣，并随身携带一支竹制的哨子。这时，天降大雨，雷鸣电闪，宋军勇士趁机猛砍金兵，同时吹响哨子，随后又伏下不动。金兵以为袭营的是"怪物"，吓得抱头鼠窜，相互踩踏，死伤无数。金军主将见此情况，又下令向后撤退五十里。

金兵在顺昌遇阻，主帅兀术听说后，亲自率领十几万大军，火速从东京赶来增援。这时，兀术收到一封刘频送来的信件，信上说："听说完颜大帅（兀术）亲自前来，在下想与大帅进行决战。不知大帅是否有胆量渡过颖水与我军决战？如果有这个胆量，我将在颖水上架五座浮桥来迎接你。"

兀术看完信，顿时气得火冒三丈，即刻率主力杀到颖水边。他放眼一看，果然颖水上架着五座浮桥。兀术见状，立即挥军从浮桥上杀过颖水，结果金兵连人带马都掉进颖水中。

这时，刘频让手下备足水、粮，乘金兵人仰马翻的机会杀了过来，专攻金兵防守薄弱的地方，之后又隐蔽起来。等金兵疲惫不堪时，再以小股突袭。兀术找不到宋军主力，己方又陷入被动局面，于是只好撤兵了。

商业案例

"半球" 广告连环计

将连环计运用到广告上，往往会取得意想不到的好效果。

广东半球实业集团公司是一家大型家电企业，在产品地域推广上，他们选择在浙江市场集中推出厨房家电类产品。当时，来自广东的"爱德牌"和"万家乐牌"厨房家电产品，广告投放量大，市场上的指名购买率及销量都比较高。这些企业凭借资金雄厚、规模大等优势气势凶猛地打入浙江市场。但是，反观半球公司，由于其在浙江地区的广告宣传不足，其产品在该地区的知名度十分有限。

半球公司要想在浙江市场站稳脚跟，必须以最快的速度提升企业及产品在消费者心目中的知名度。为了实现这一目的，半球集团聘请了专业的广告创意组合公司为自家产品进行广告宣传。广告创意组合针对半球集团当时的状况，特别成立了"半球专户小组"策划宣传活动。专户小组以提高"半球"企业和产品知名度为突破口，设计了一整套方案。

半球广告专户小组将杭州作为重点实施行销策略，计划利用杭州作为浙江省政治、经济、文化中心的优势，首先在杭州展开市场攻势，然后再以杭州为中心带动、拓展、巩固其他地区的市场。

半球公司在杭州的广告活动大致可以分三个步骤，这三个步骤步步为营，层层递进：

一、以大量的、有效的广告活动，在五六月份迅速提高半球在浙江消费者心目中的知名度，为以后的广告活动打好基础。二、根据浙江自七月起天气越来越热，人们不愿待在厨房里的情况，半球在七八月间推出以电饭煲为重点的广告，迅速占领杭州市场，为半球众多的产品打开市场突破口。三、借助前两步广告活动的成果，利用"十一"前后的结婚高峰期和消费热潮，推出"半球新系列"，即半球公司从未在浙江推出过的产品，以提高市场占有率。

实践证明，这次策划是成功的。半球公司按照专户小组的意见打出广告，如愿以偿地打开了浙江市场。而连环计式广告最巧妙的地方在于，它将一个个独立的广告按照一定的顺序组合成一个"广告组合"，其威力要比单纯地将每个独立的广告相加大得多。因为它并非靠简单地重复强化自己在消费者心目中的形象，而是靠一次次及时而主动地迎合消费者的需求，博得消费者的好感。

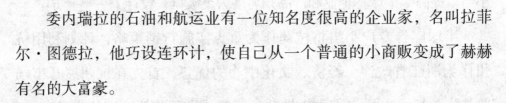

图德拉妙用连环计进入石油海运的行列

委内瑞拉的石油和航运业有一位知名度很高的企业家，名叫拉菲尔·图德拉，他巧设连环计，使自己从一个普通的小商贩变成了赫赫有名的大富豪。

20世纪60年代中期，图德拉还是个小商贩。一天，他在报刊上偶然获悉阿根廷打算从国际市场上采购价值2000万美元的丁烷气。这条消息引起了图德拉的注意，他决定前往阿根廷去考察一下，看看是否真有这么回事。

图德拉到了阿根廷，经打探得知，此事千真万确。图德拉不禁为之一振，他开始盘算怎样争取到这笔生意。在当时，作为一个小商贩，他也知道这是一宗大买卖，若以自身的实力和资本去实现这一想法，其难度是非常大的。而且从一般人的角度来看，这是根本不可能的事情。

最关键的是，图德拉从未接触过石油行业，对该行业可谓一窍不通。且这宗生意已有两个非常强大的竞争者，一个是英国石油公司，另一个壳牌石油公司。在当时，这两个公司在世界石油界已赫赫有名，他们财力雄厚，并且有着丰富的石油经营经验。图德拉想，如果从正

794

面与这两大竞争对手较量，无疑是"以卵击石"。于是，他决定巧借他人之力参与这一买卖的竞争。

图德拉先对阿根廷市场作深入的调查研究，结果发现那里的牛肉过剩，正急于寻找出口的机会。图德拉得知这一信息后突发奇想：如果自己能帮助阿根廷推销过剩的牛肉，就可以创造出让阿根廷购买自己丁烷气的条件。

有了这个条件，就找到了与英国石油公司和壳牌石油公司竞争的突破口了。于是，他着手开展对牛肉市场的调查和推销工作。与此同时，他向阿根廷政府承诺，如果阿根廷向他购买2000万美元的丁烷气，他便向阿根廷订购2000万美元的牛肉。阿根廷政府觉得图德拉的条件优于其他竞争者，于是作出决定，把采购烷气的投标机会给了他。

图德拉在调查中又发现，西班牙有一家制造能力很强的大船厂，该厂由于缺少订单，致使工厂一直处于半停产状态，西班牙政府对此十分关注。图德拉认为这信息又是一个很好的机遇。

于是，他立即飞到西班牙，来到造船厂，找到一位负责人说："如果你们收购我手中的两千万美元的牛肉，我就在你们的造船厂订购一艘造价2000万美元的超级油轮。"由于西班牙牛肉销量大，造船厂的那位负责人便愉快地接受了他的建议。这样，图德拉把阿根廷的牛肉转手卖给了西班牙。

图德拉在向西班牙推销牛肉时，一直在到处物色购船的客户。最后他找到美国的太阳石油公司，以购买对方2000万美元的甲烷为交换条件，让石油公司租用正在西班牙制造的超级油轮。太阳公司的决策者想，反正自己要租用油轮的，现在他能买自己的产品，这条件是有

利的，所以欣然接受了。

图德拉这种经营手法，可以说是"连环计"的活用。就这样，步步连环、一环扣一环的买卖终于做成了。在此之后，图德拉又连续运用了几次这种集推销和经营于一身的策略，屡获成功。他这种"一石三鸟"的办法是一种十分灵活而又严谨的经营活动。对于经营者来说，这个例子具有一定的研究和借鉴价值。当然，要在如此复杂的经营过程中取得成功，除了运用计谋之外，更重要的是必须要有广阔的视野、确切的信息和灵活多变的头脑。

从一个普通的小商贩，经过近 20 年时间，成为一个拥有十亿美元以上资产的大富豪，图德拉就是这样成功的。

【点评】

连环计，顾名思义，是一种多步骤、多环节的计谋。少则两步骤（两环节），多则无定数，步步相接，环环相扣，如同长链环环相连。简单说，连环计就是两个以上的计策连用。赤壁大战时，周瑜巧用反间计，让曹操误杀了熟悉水战的蔡瑁、张允，又让庞统向曹操献上锁船之计，再用苦肉计让黄盖诈降。三计连环，打得曹操大败而逃。

在现代商业活动中，经营者采用一环扣一环的公关营销活动，确能显示出该计的妙处。

第三十六计　走为上

【原文】

全师避敌①。左次无咎，未失常也②。

【注释】

①避：回避，退却。

②左次无咎，未失常也：出自《周易·师》。左次，古人都崇尚右，表示升职、向前，所以左次就是降职、退却之意。咎，灾难、罪责。失，违背、违反。

【译文】

在面临强大的对手时，要进行有计划、有目的地退却。退却待机就不会遭受祸患，也没有违反正常的用兵法则。

【计名讲解】

　　此计名出自《南齐书·王敬则传》："檀公三十六计，走为上计。"檀公指南朝名将檀道济，相传有《檀公三十六计》。这句话意为败局已定，无法挽回，唯有退却，才是上上之策。此语后人经常拿来引用，宋代惠洪著《冷斋夜话》："三十六计，走为上计。"到明末清初的时候，引用此语的人就更多了，于是有心人采集群书，编撰成《三十六计》。

　　"走为上"计，用在军事上，指的是战争中看到形势对自己极为不利时就逃走。前人曾经提出过相类似的谋略，《孙子·虚实篇》中这样说："退而不可追者，速而不可及也。"意思是主动撤退而无法追击的敌人，即使快速地追赶它也不能赶上。

　　此外，我国古代其他兵法对于此计也多有论述。《淮南子·兵略训》上说："实（力量强大）则斗，虚（寡不敌众）则走。"在我国的另一部兵书《兵法圆机》中也提到"避而有所全，则避也"；《吴子·料敌》也说"凡此不如敌人，避之勿疑；所谓见可而进，知难而退也"，这些都与"走为上"意义相近。

　　古人按语说："敌势全胜，我不能战，则必降、必和、必走。降则全败，和则半败，走则未败；未败者，胜之转机也。"意思是：当敌军占绝对优势，而我方没有丝毫战胜可能时，出路只有投降、媾和或退却。前两者都含被动的意味，而退却则是主动的，它也是转败为胜的关键。按语的最后，举了"悬羊击鼓"的故事，就很好地体现了"走为上"的合理性。

　　南宋时毕再遇与金兵对垒，为了保存实力，他于一天晚上把一些活羊吊起来，使它们的两只蹄子放在鼓面上。羊受不了倒悬的痛苦，挣扎中两只前蹄便频频击打在鼓面上发出响声，而宋军则趁乱转移主力。金兵没有察觉宋军撤走了，几天后才发现宋军的营地空了，这时宋军早已远去了。这可以称得上是善于退却的了。

● 走为上

　　指战争中看到形势对自己极为不利时就逃走，也谓遇到强敌或陷于困境时，以离开回避为最好的策略。

```
        ┌──────────────┐
        │  我方居于劣势  │
        └──────────────┘
          ┌───────┴───────┐

      ┌──────────┐    ┌──────────┐
      │ 全军撤退  │    │ 伺机待发  │
      └──────────┘    └──────────┘
          └───────┬───────┘
                  ▼
        ┌──────────────────┐
        │  以退为进伺机反攻  │
        └──────────────────┘
                  ▼
           ┌──────────┐
           │  扭转劣势  │
           └──────────┘
```

实用谋略

范蠡功成身退累万金家产

"走为上"用在军事上，是看到形势对自己极为不利时就逃走。同时，这一计策也可以作为一种为人处世的谋略。如果自己身处的形势不利，就选择退却、逃避，这样不但可以保全自己，有时还会使自己获得更多的好处。

范蠡，字少伯，楚国宛人。他出身贫寒，但是勤奋好学，又富有文韬武略，是个很有抱负的人。由于他在楚国不得志，所以转而投奔了越国。范蠡在辅佐越王勾践期间，身经劳苦，勤奋努力，帮助勾践治理越国二十二年，终于灭掉了吴国，雪洗了勾践当年在会稽所受的耻辱。

以后，他又帮助色践向北进兵，渡过淮河，紧逼齐国和晋国，进而向中原各国发号施令，尊奉周王室。勾践实现霸业以后，范蠡号称上将军。

范蠡功勋卓著，不过，正是由于他与勾践相处的时间很长，所以才十分了解勾践的为人，知道其可以共患难，但难以共处安乐。而范蠡知道自己名气大了，难以久留，如果不急流勇退，后果不堪设想。所以，在越国处于最强盛的时候，范蠡向勾践递交了一份隐退信，信上说："我听说主上心忧，臣子就该劳累分忧；主上受侮辱，臣子就该赴死难。从前君王在会稽受侮辱，我所以没有死，是为了报仇雪耻。

现在已经报仇雪耻，我请求您追究使君王受会稽之辱的罪过。"

勾践看到范蠡的信，非常生气，立即把他找来，沉着脸说："我要把越国的江山分给你一半，让我们共同享有。不然的话，就要惩罚你。"范蠡知道，勾践所说的话前一句并非真心，但后一句倒是实意，对此他早有准备，便从容地向勾践说："君主执行自己的命令，臣子实践自己的意愿。"

回到家后，范蠡就包装了细软珍贵珠玉，与私属随从乘船从海道走了，以后再也没有回到越国。范蠡走后，勾践曾让工匠铸了一尊铜像，放在自己的座位旁边；另外，他还把会稽山作为范蠡的奉邑，以表示对他的怀念之情。两百多年后，司马迁在谈到有些人"知进而不知退，久乘富贵，祸积为崇"时，还以范蠡的事迹与这些人作比较，认为范蠡功成身退，名传后世，这是很难达到的境界。

离开越国之后，范蠡经由海路来到齐国，改名换姓，自称"鸱夷子皮"。

后来，范蠡一家在齐国的海滨定居下来。他们吃苦耐劳，勤奋努力，治理的产业颇为丰厚。住了没多久，范蠡就累计了数十万的财产。齐国人听说他有才能，就让他做了相国。范蠡叹息说："住在家里能弄到千金财产，做官做到卿相，一个普通人能这样，也就达到顶点了。长期享受尊贵的名号，是不吉利的。"于是归还了相国的印信，全部发散他的家财，分给相知的好友和乡亲们，带着贵重的财宝，悄悄地离开，到陶地住了下来。他认为这里是天下的中心，交易买卖，和各地相通，做生意可以致富。于是他自称为"陶朱公"。又规定父子耕田畜牧，囤积储存，等候时机，转卖货物，追求十分之一的利润。待了不久，范蠡就积累了万贯的家产。

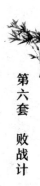

黄巢避实就虚的流动作战

"走"不一定是被动的，如果可以将走和进攻巧妙地结合起来，也就可以牢牢地攥住战争的主导权。唐朝末年，起义军领袖黄巢就以"走着打"的流动战方式沉重打击了训练有素的政府军。

公元875年，为响应王仙芝的起义，黄巢揭竿而起，一下子就募集到数千人马。一开始，黄巢义军还活动在曹（今山东曹县）、淄（今山东邹城东北）一带，其队伍很快由最初的几千人发展到数万人。为镇压起义军，唐政府命令淮南、忠武、宣武、义成、天平等五节度使自三个方向对起义军进行合围，试图一鼓作气将义军全部消灭。为了应对强大的敌人，起义军采取了流动作战，即"打得赢就打，打不赢就走"的办法。他们并没有固守曹、淄等地，而是根据"避实就虚"的原则，在唐军还未完成包围以前，就主动向唐军防御比较松懈的地方转移，攻打位置偏远、守备薄弱的沂州（今鲁南和苏北一带），使唐军在曹、淄等地疲于奔命，挫败了唐军的第一次围剿。

公元876年七月，黄巢率领义军从沂水直插河南，连克阳翟（今河南禹县）、郊城（今河南部县），又在九月攻克汝州（今河南临汝），严重威胁唐朝东都洛阳。

唐僖宗急了，忙调忠武、昭义、义成、那宁、凤翔等节度使，一面围剿义军，一面增强洛阳及关、陕地区的防御力量。

由于唐政府在中原地区集结了大批兵力，起义军又采取了迂回作战的策略。他们利用藩镇割据的特点，在长江中下游及淮南一带活动。在南面，他们先后攻克郢、复、随、安等州，在东面，他们又占据了庐、寿等地。唐的地方州官为保存自己的实力，对起义军采取观望态度，为黄巢等人扩展势力创造了条件。起义军只用了短短两三个月的时间就纵横千里，歼灭了唐军大量有生力量。

在被唐军重兵包围的不利形势下，起义军十分有必要不断进行战略转移。走着打可以帮助起义军保存实力、寻找克敌契机，事半而功倍。

从表面上看，走是被迫的，但站在战术的角度，走又是主动的，和"打"紧密地结合在了一起。黄巢的思路非常明确——避开敌人锋芒，但不放过任何一个主动进攻的时机——不死守，不攻坚，避实就虚，钻隙走险。

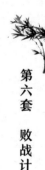

楚国伐庸

在局势不利于自己的情况下，有计划地主动撤退或许是最明智的选择，它不但能避开对手的锋芒，还能留下更多的思考时间，准备新的应敌之策，从而为自己争取到有利局面。

公元前611年，楚国向庸国发起进攻，不料第一场仗就以楚军的失利而告终，楚将杨窗被俘，楚军的士气也受到了影响。然而，这场败仗却给楚将师叔以启发：庸国大军因首战告捷扬扬自得，楚军大可利用这点反败为胜——多打几次败仗，以迷惑庸国，让其误以为楚军不堪一击，进而对楚军掉以轻心。

师叔马上制定好作战方案。等楚军和庸军交战时，两军才打了一会儿，师叔就率着楚军撤退，故意给庸军留下楚军畏战、实力不济的假象。考虑到楚军打一两次败仗还不足以麻痹庸军，师叔又决定带着楚军多败几次。于是，此后每每和庸军交战，楚军都特地作出一副狼狈相，一打就退，仓皇逃跑。

楚军一连撤了七次，败了七次。

起初，庸军还将楚军当作不容小觑的敌人，但眼见楚军一败再败，很快就不把楚军放在眼里，认为无须费什么心思，就能将楚军打得一败涂地。骄傲的情绪在庸军之中迅速地弥漫开来，其斗志日益衰退，戒备也一天比一天松懈。庸军没有注意到，自己正一步步地落入楚军的陷阱。

师叔悄悄地观察着庸军心理的变化。与此同时，为了给庸军致命一击，楚国还派人暗地里和秦国搭上了联系，说服秦国和自己联手共同攻打庸国。庸国位于秦、楚之间，一想到拿下庸国对自己十分有利，秦国就爽快地答应了。

楚庄王亲自率领大军奔赴前线支援师叔，他将楚军分为两路以方便对庸国的都城进行夹击。决战的时刻终于到来，庸军尚不知大难临头，他们匆忙地准备战事，当发现情形不对的时候，已经太迟了。这次楚军一上阵，一改以前的颓势，其战斗力也远远超过了庸军的预期，再加上秦国的帮忙，庸军被杀得落花流水，被迫向后撤退。然而，此时庸军的退路早已被楚军截断，大部分士兵都成了楚军的俘虏。

庸军的大败直接导致了庸国的灭亡。而在"灭庸"的过程中，师

叔的"走为上"策略发挥了至关重要的作用，正是通过它，楚军成功地麻痹了敌人，诱导敌人犯下"轻敌之误"，为最终的胜利创造了条件。

商业案例

保存实力东山再起

从事商业活动，要有止损意识。一旦发现自己所在的行业呈现败象，就要果断调整投资方向，保存财力，以图找到新的生财之路，走向辉煌。

20世纪60年代初，正是日本经济萧条时期。恰在这时，为了扩大生产规模，日立公司投入了大量资金，购买了一批新设备。然而，设备刚买回来，日立就发现这并不是一个明智的选择。经济萧条造成民众购买力的下降，在这个时候扩大生产规模很容易造成产量过剩、产品积压的问题。但是，如果停止投资、暂缓新设备的使用，又意味着之前花在这方面的金钱、精力都要白白浪费。这真是一个艰难的抉择。

在认真地讨论研究后，日立公司决定暂停扩大生产的计划，把资金投放到其他方面，积蓄财力，寻找其他发展之道。

事实证明，这一决策是正确的。从1962年开始，日本三大电器公司中的东芝和三菱的营业额都有明显下降，但是日立直到1964年还在上升。20世纪60年代后半期，日本逐渐摆脱了经济衰退的阴霾，迎来了繁荣发展的时期。日立公司这才放开手脚，大胆投资，由于蓄势已久，底气充足，仅 1967 年一年日立就投入了 102 亿日元，到了 1968 年上半年这个数字一下子长到 1220 亿。再看效益，在 1966 至 1970 年的短短五年里，日立的利润提高了 1.8 倍。

每个企业的决策者都要有在危急关头不惊不慌，镇定自若的能力，冷静地分析状况，大胆地展望未来，当机立断地"砍掉"阻碍自己发展的东西，比如冗余的部门、鸡肋般的产品、不当的计划，这样才能轻松应对突然变化的形势，转危为安。

撤退的哲学

经营企业要知进知退，在面对巨大挑战或身处困境的时候，果断选择"走为上"，方可摆脱困境，求得生机。

1964 年的一天，日本松下公司突然宣布了停止生产已经开发的大型电子计算机的决定。为了研发大型电子计算机，松下已经花了近五年的时间，投下了十多亿日元。因此，在宣布这件事情之后，公司内外反应十分强烈。如果是因为经营困难，才不得不停止生产，大家还会理解。但现在并不是这样，公司的发展势头正猛，根本不存在人力物力上的困难。在这个时候突然宣布停产，很难让大家接受。一时间，对这个决策，出现了很多反对的声音。

但松下的高层并不为所动，其之所以决定停止研发大型计算机，是因为在当时，大型计算机的市场竞争已相当激烈。包括松下在内，整个日本共有七家生产电子计算机的公司，但是这几个厂家都经营得不太顺利。松下的电子计算机部门几乎年年都出现赤字，只是因为别的部门赚钱才没有拖垮整个公司。松下集团的董事长松下幸之助在反复思量后认为，虽然经营大型计算机还有利可图，可面对激烈的市场竞争，稍有不慎就会损失惨重，到那时再撤退，就来不及了，不如趁现在一切都还顺利，果断采取撤退的策略。

事实上，像西门子、RCA这种世界性的大公司，都陆续从大型计算机的生产领域撤退，美国市场几乎全被IBM独占。有这样一个强而有力的公司独占市场就绰绰有余了，更何况在日本这样一个小市场。富士通、日立等公司都急着抢滩，他们也都投入了相当多的资金，等于赌下了整个公司的命运。在这场竞争中，松下也许会生存下来，也许就此彻底败下阵来。松下权衡再三，终于决定从电子计算机领域撤退。

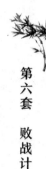

【点评】

俗话说：三十六计，走为上计。凡图谋事情，都必须事先分析成功的概率。在与敌人或对手较量时，如果我方明显处于劣势，一旦面对的是一个死局，就不要硬走下去。凡事不要好胜逞强，硬拼是以鸡蛋碰石头。

智者应知进知退，以保存自己实力为根本。"走"并不是一味逃跑，是在认清自身劣势下进行的战略调整，保存、积蓄实力，以图东山再起，争取更大、更全面的胜利。如果遇事只是一味硬拼，到头来会令自己一蹶不振。忍一时风平浪静，退一步海阔天空。

走看起来容易，但是真要实践起来，也并非易事。因为我们总想着争利，而忘记了放手。要知道，退一步你会有更多的选择。很多时候，摆脱痛苦和困境的最好办法就是离开。

名家论《三十六计》

"走为上"计与战场上的败退和逃跑有什么区别呢？

首先，走为上计所说的撤退是未经与对手激烈交锋而实施的撤退和避让行动，是一种建立在对战局及时、准确的判断和预见基础上所采取的主动行为；败退和逃跑是在战败的情况下的一种被动无奈之举，是缺乏预见性和决断性的必然结果。其次，走为上计的撤退是有计划、有组织地进行的，可以有效地保存力量，避免或减少损失；败退和逃跑则基本上是一种无序的、溃败的状态，即使侥幸能保存部分力量，也是些失去战斗力的残兵败将。再次，走为上计的撤退是为了以暂时的退让换取长远的进取和胜利，是一种目的明确的积极主动的策略运用；败退逃跑则是一种只顾眼前的、完全被动的无目的的消极行为，所以二者是不可同日而语的。

由此，走为上计的含义，概括起来就是，在敌我力量对比十分悬殊的情况下，准确判断形势，及时作出决断，不与强敌硬拼实力，明智地采取主动撤退或避让的行动，以保存实力，有效化解眼前的危机，以退为进，以曲求伸，为将来转劣为优、反败为胜创造有利条件。走为上计不同于被动逃跑，它是在敌优我劣条件下作出的最优化的策略选择，它是一种目的明确的积极主动的策略运用，它的最终目的是打败对手，赢得胜利。这一策略在古今中外战争史上被广泛运用。

—— 任力